Contenido

Todas las citas de las Escrituras fueron tomadas de la Biblia, versión Reina Valera revisión 1960, con excepción de las que indican alguna otra.
La Asignación: El Sueño Y El Destino, Volumen 1
ISBN 1-56394-393-X/SB-74
Copyright © 2007 Por **MIKE MURDOCK**
Todos los derechos editoriales pertenecen exclusivamente a Wisdom Internacional.
Publicado por The Wisdom Center · 4051 Denton Hwy. · Fort Worth, TX 76117
Tel: 1-817-759-0300 · Sitio Web: **www.WisdomOnline.com**
Traducido por: Martha Sierra & Maritza Sierra
Editado por: Martha Sierra, Maritza Sierra
Impreso en los Estados Unidos de América. Todos los derechos reservados están protegidos conforme a la Ley Internacional de Derechos de Autor Copyright. Ni el contenido ni la portada de esta obra pueden ser reproducidos total o parcialmente sin el expreso consentimiento escrito del autor.

Tu Asignación
Es Resolver Problemas
Para Aquellos A Quienes
Eres Enviado.

-MIKE MURDOCK

1
Todo Lo Que Dios Creó Que Creado Para Resolver Un Problema

La Creatividad Es La Búsqueda De Soluciones.
Permíteme ilustrate. En reuniones grandes del pasado, no se podía escuchar claramente a los conferencistas. Así que, fueron creados el micrófono y el sistema de amplificación de sonido. Los anteojos fueron creados para quienes tienen dificultad para ver.

Los *problemas* son el catalizador de la *creatividad*. Cuando un inventor—ya sea Tomás Alva Edison o quien sea—que invente algo, su creatividad está basada en un problema existente. Ellos *resuelven* el problema, y son *recompensados* conforme a esto.

¿Por qué te compraste un coche? Resolvió un problema de transporte. ¿Por qué ves las noticias cada tarde en la televisión? Esto resuelve un problema de información.

Los mecánicos resuelven problemas de *automóviles*.

Los dentistas resuelven problemas *dentales*.

Los abogados resuelven problemas *legales*.

Las madres resuelven problemas *emocionales*.

Los contadores resuelven problemas de *impuestos*.

Por eso Dios nos creó. Dios quería una relación de *amor*. Él quería ser *elegido*, *buscado* y *atesorado*. Por lo que, Él creó a Adán y Eva.

Pero Adán tenía un problema, él necesitaba una

compañía *humana*. "Y dijo Jehová Dios, No es bueno que el hombre esté solo, le haré ayuda idónea para él. Entonces Jehová Dios hizo caer sueño profundo sobre Adán, y mientras éste dormía, tomó una de sus costillas, y cerró la carne en su lugar. Dijo entonces Adán: Esto es ahora hueso de mis huesos y carne de mi carne, ésta será llamada Varona, porque del Varón fue tomada", (Génesis 2:18, 21-23). Como ves, cada uno de nosotros es una *solución*.

Así, cuando abres los ojos cada mañana, tú estás viendo un mundo entero *repleto* con *soluciones*. Todo lo creado es una solución...para alguien, en algún lado, en algún momento.

Tú eres una solución para alguien.

Esto significa que eres una recompensa para alguien. Alguien te *necesita*. Alguien te *quiere*. Eres *necesario* para alguien, en algún lugar...*hoy*.

Lee estas poderosas palabras. "Vino, pues, palabra de Jehová a mí, diciendo: Antes que te formase en el vientre te conocí, y antes que nacieses te santifiqué, te di por profeta a las naciones", (Jeremías 1:4-5).

Fuiste creado por un propósito específico y muy especial...*resolver un problema específico en la tierra*. Yo le llamo a esto, *La Asignación*.

Dios no hace acepción de personas. Él creó a Jeremías para un tiempo especial, para una temporada y gente especial. Es lo mismo contigo.

Dios te asistirá en tu Asignación. "Porque a todo lo que te envíe irás tú, y dirás todo lo que te mande. No temas delante de ellos, porque contigo estoy para librarte, dice Jehová", (Jeremías 1:7-8).

Así que, Dios creó a Eva para solucionar el problema de Adán. ¡Pero ahora ambos tenían un problema! ¿Quién cuidaría de ellos en su vejez? Así pues, Dios les dio niños. "He aquí, herencia de Jehová son los hijos; cosa de estima el fruto del vientre. Como saetas en mano del valiente, Así son los hijos habidos en la juventud. Bienaventurado el hombre que llenó su aljaba de ellos; no será avergonzado cuando hablare con los enemigos en la puerta", (Salmos 127: 3-5).

Como ves, la esposa es una solución para su esposo. "Tu mujer será como vid que lleva fruto a los lados de tu casa; tus hijos como plantas de olivo alrededor de tu mesa. He aquí que así será bendecido el hombre que teme a Jehová", (Salmos 128:3-4).

Es esencial que tú descubras tu Asignación y te entregues a ella por completo. "Cada uno en el estado en que fue llamado, en él se quede", (1 Corintios 7:20).

De esta manera, cada parte de ti tiene una Asignación, un problema que solucionar. Tus ojos tienen la Asignación de *ver*. Tus oídos solucionan el problema de *oír*.

Tus ojos *ven*.

Tus oídos *oyen*.

Tus manos *alcanzan*.

Tus pies *caminan*.

Tu boca *habla*.

Tu nariz *huele*.

Es así, que todas las cosas en la creación complacen a Dios. "Señor, digno eres de recibir la gloria y la honra y el poder; porque Tú creaste todas las cosas, y por Tu voluntad existen y fueron creadas", (Apocalipsis 4:11).

Como ves, Todo lo que Dios creó tiene un propósito específico. Resuelve un problema.

Tu Asignación Es Resolver Problemas Para Aquellos A Quienes Eres Enviado.

Recuerda: *Todo Lo Que Dios Creó Fue Creado Para Resolver Un Problema.*

Tú Eres Una Recompensa Para Alguien.

-MIKE MURDOCK

⚜ 2 ⚜
Tú Eres Una Recompensa Para Alguien

Alguien Te Necesita.

A Moisés se le necesitó como líder de los hijos de Israel. Él fue su *recompensa*.

A David lo necesitaron los israelitas para derrotar a Goliat. Él también fue una *recompensa* para el Rey Saúl, cuando derrotó a Goliat y derrotó a los Filisteos.

Noemí necesitaba quien cuidara de ella. Rut fue una recompensa para ella. Su devoción fue documentada en las Escrituras para que la gente lo leyera a través de las generaciones.

Los Judíos habrían sido destruídos si no hubiera sido por Ester. Ester fue su respuesta, su solución, su *recompensa*.

El Faraón necesitaba desesperadamente que alguien interpretara su sueño. José fue una *recompensa* para él y subsecuentemente para la gente de Egipto.

El hambre habría destruido a los Egipcios. José fue *su* recompensa porque él interpretó el mensaje de Dios a través del sueño del Faraón.

Como ves, toda persona que Dios creó es una *recompensa* para alguien.

Piensa en esto. Es muy importante que entiendas *tu* valor y cuán significativo eres.

Tu *paciencia* es una recompensa para alguien que otros no tolerarían. Tus *palabras* motivarán a alguien incapaz de ver lo que tú ves. Pueden ser las cualidades espirituales, emocionales o mentales que Dios ha desarrollado dentro de ti, *pero alguien te necesita hoy, desesperadamente.*

Dios te planeó. Nadie más puede ser como tú. *Nadie más* puede hacer lo que tú haces. No hay nadie más en la tierra como tú. Entiende esto. Abrázalo. Dios no es un duplicador. Él es Creador. Tú eres absolutamente perfecto y genéticamente preciso para *resolver un problema específico* para alguien en la tierra.

Alguien necesita exactamente *lo que* Dios *te ha dado.* Alguien está hambriento y sediento de *tu* presencia. Algunas personas morirán de hambre *si no* entras a sus vidas. Hay quienes están literalmente muriendo emocional, mental o espiritualmente, *esperando que vengas* a su lado y los rescates. Algunos han estado permaneciendo despiertos por las noches orando que Dios envíe alguien a sus vidas.

Tú eres su recompensa.

Ahora, es importante que reconozcas que algunas personas realmente no te necesitan. Tú *no* eres su respuesta. Tú *no* eres su solución. No te ofendas por esto. Dios tiene a alguien más planeado para ellos.

Tú no eres necesario *en todos lados.* Se te necesita solamente en un *lugar* específico, en un *tiempo* específico y por una *persona* específica.

Ahora, esta persona (o gente) ha *calificado* para que entres a su vida. Quizá en un principio no te vean como su recompensa, pero realmente lo eres. Tú eres *exactamente* lo que Dios ha ordenado para su vida.

Medita en esta verdad. *Pruébala. Siéntela.*

Aquí Hay 3 Llaves Importantes Para Recordar

1.   **Dios Te Ha Calificado Para Ser Una**

Solución Perfecta Para Alguien.

2.   Es La Responsabilidad De Los Demás Discernir Tu Asignación Hacia Ellos. Los Fariseos no discernieron que Jesús les fue asignado. Pero Zaqueo lo discernió y nació una relación. Aún el Faraón de Egipto, un incrédulo discernió que José era la respuesta a su sueño y dilema. Miles estaban enfermos y ciegos, pero, uno clamó a Jesús, "¡Jesús, Hijo de David, ten misericordia de mí!", (ver Marcos 10:47).

3.   Cuando Tú Descubres A Quien Has Sido Asignado, Experimentarás Gran Paz, Realización Y Provisión Para Tu Propia Vida.

Tú debes determinar y conocer bien la unción y llamamiento sobre tu propia vida. Permanece fuerte, y permanece ligado al Espíritu Santo en total dependencia, y Dios te dirigirá.

Busca las oportunidades de sanar, de fortalecer y de bendecir a otros. Haz el bien todas las veces que te sea posible. "No te niegues a hacer el bien a quien es debido, cuando tuvieres poder para hacerlo", (Proverbios 3:27).

Tú eres verdaderamente un regalo y una recompensa para aquellos que has sido Asignado.

Recuerda: *Tú Eres Una Recompensa Para Alguien.*

Asignación En La Tierra
Es Simplemente El
Problema Por El Que
Dios Te Creó Para
Que Resuelvas.

-MIKE MURDOCK

⇜ 3 ⇝

Tu Asignación No Es Tu Decisión, Sino Tu Descubrimiento

━━━━●━━━━

Dios Ha Preparado Específicamente Eventos Y Situaciones Para Aquellos Que Lo Aman. "Cosas que ojo no vio, ni oído oyó, ni han subido en corazón de hombre, son las que Dios ha preparado para los que le aman", (1 Corintios 2:9).

Tú solamente discernirás o descubrirás aquellas cosas, eventos y tu Asignación por El Espíritu Santo. "Pero Dios nos las reveló a nosotros por el Espíritu; porque el Espíritu todo lo escudriña, aun lo profundo de Dios", (1 Corintios 2:10).

Tú debes tener la mente de Cristo para discernir tu Asignación. "Porque ¿quién conoció la mente del Señor? ¿Quién le instruirá? Mas nosotros tenemos la mente de Cristo", (1 Corintios 2:16).

Tus dones y habilidades te fueron otorgadas por El Espíritu Santo. "Ahora bien, hay diversidad de dones, pero el Espíritu es el mismo. Pero todas estas cosas las hace uno y el mismo Espíritu, repartiendo a cada uno en particular como Él quiere", (1 Corintios 12:4, 11).

Tus dones y habilidades son diferentes de los demás que están alrededor de ti. "De manera que, teniendo diferentes dones, según la gracia que nos es dada, si el de profecía, úsese conforme a la medida de la fe", (Romanos 12:6).

Tus dones vienen del Espíritu Santo, el Consolador, que camina a tu lado. "Dios juntamente con ellos, con señales y prodigios y diversos milagros y repartimientos del Espíritu Santo según Su voluntad", (Hebreos 2:4).

Tú eres enviado por Dios a esta generación. "...porque a todo lo que te envíe irás tú, y dirás todo lo que te mande", (Jeremías 1:7).

Tu agenda ha sido predestinada en la mente de Dios. "Mira que te he puesto en este día sobre naciones y sobre reinos, para arrancar y para destruir, para arruinar y para derribar, para edificar y para plantar", (Jeremías 1:10).

Dios tiene un *plan.*

Dios tiene un plan para *tu* vida.

Su plan para tu vida requiere tu obediencia. "Si quisiereis y oyereis, comeréis el bien de la tierra; si no quisiereis y fuereis rebeldes, seréis consumidos a espada; porque la boca de Jehová lo ha dicho", (Isaías 1:19-20).

Su plan para tu vida requerirá una decisión personal de tu parte para cooperar. "Acontecerá que si oyeres atentamente la voz de Jehová tu Dios, para guardar y poner por obra todos sus mandamientos que yo te prescribo hoy, también Jehová tu Dios te exaltará sobre todas las naciones de la tierra", (Deuteronomio 28:1).

Su plan garantiza Su bendición cuando está terminado. "Y vendrán sobre ti todas estas bendiciones, y te alcanzarán, si oyeres la voz de Jehová tu Dios. Bendito serás tú en la ciudad, y bendito tú en el campo", (Deuteronomio 28:2-3).

Su plan te da vida, mientras que otros planes traerán muerte. "A los cielos y a la tierra llamo por testigos hoy contra vosotros, que os he puesto delante la vida y la muerte, la bendición y la maldición; escoge, pues, la vida, para que vivas tú y tu descendencia", (Deuteronomio 30:19).

Dios decide lo *que* Él desea que tú hagas.

Tú decides tu obediencia.

La predestinación es la intención de Dios, no la decisión de Dios. "El Señor no retarda Su promesa, según algunos la tienen por tardanza, sino que es paciente para con nosotros, no queriendo que ninguno perezca, sino que todos procedan al arrepentimiento", (2 Pedro 3:9).

Así, sabemos que Dios no quiere que nadie perezca. *Sin embargo, la gente perece*. Diariamente. Millones han muerto *sin* Cristo. Así, aunque tú estés predestinado (intención de Dios) para ser salvo, sigue siendo *decisión* tuya el cooperar con Él y aceptarlo. "¡Jerusalén, Jerusalén, que matas a los profetas, y apedreas a los que te son enviados! ¡Cuántas veces quise juntar a tus hijos, como la gallina junta sus polluelos debajo de las alas, y no quisiste! He aquí vuestra casa os es dejada desierta", (Mateo 23:37-38).

Piensa por un momento. ¿Acaso el automóvil le dio instrucciones a Henry Ford diciéndole lo que había decidido ser? Por supuesto que no. El Sr. Ford lo nombró. ¿El avión de los hermanos Wright les informó que iba a volar y a ser llamado avión? Por supuesto que no. Orville y Wilbur Wright así lo declararon.

El Creador *decide*.

La creación *descubre*.

El Creador decide lo que Él ha tenido la *intención* de qué llegues a ser. La creación meramente decide el grado de obediencia y cooperación para que *así sea*.

Los productos no deciden.

Los fabricantes deciden.

Tú eres el producto de Dios. Él es el Único que

puede *revelar* la Asignación que Él decidió para ti al momento de nacer.

Recuerda: *Tu Asignación No Es Tu Decisión, Sino Tu Descubrimiento.*

∼ 4 ∼
LO QUE ODIAS ES UNA PISTA PARA ALGO QUE ESTÁS ASIGNADO PARA CORREGIR

El Enojo Es Energía, Poder Y Habilidad.

Sin embargo, requiere el *enfoque apropiado*. Te has preguntado ¿por qué otros no se enojan por las situaciones que *a ti* te enfurecen? Por supuesto que lo has hecho. Esta es una pista para tu Asignación.

Moisés es un ejemplo. Él odió la esclavitud. Cuando él vio un egipcio golpear a un israelita, la furia se levantó. ¿Por qué? Porque él era un libertador.

Recuerda Estas 3 Llaves De Sabiduría

1. **No Puedes Corregir Lo Que No Estás Dispuesto A Confrontar.**
2. **Lo Que Permites Siempre Continuará.**
3. **Comportamiento Permitido Es Comportamiento Perpetuado.**

Yo tengo un amor por la Sabiduría. Tengo un odio por la ignorancia. En mi propia vida he asistido a seminarios donde las Escrituras fueron citadas erróneamente, la verdad fue distorsionada y el error predominó. Era casi imposible quedarse sentado y permitirlo.

Realmente no puedes cambiar o corregir algo al menos que tengas un odio dado-por-Dios contra esa situación, ya sea enfermedad, injusticia, prejuicio racial, pobreza, divorcio o aborto.

Muchas cosas están mal en este país. Pero, nunca van a cambiar sino hasta que *alguien esté lo suficientemente enojado* por eso, para dar el paso hacia adelante y se haga cargo.

Por ejemplo, el aborto se ha ido aceptando gradualmente, aunque es una plaga verdaderamente devastadora en nuestra conciencia en este país. Parece que ningún portavoz articulado capaz de cambiar el curso de la marea ha emergido todavía; ¡aunque le doy gracias a Dios por aquellos que hacen esfuerzos significativos para lograrlo!

Los persuadidos son persuasivos.

Frecuentemente le he pedido a Dios que nos de a alguien con un deseo ardiente que pueda abogar *exitosamente* el caso del niño que aún no ha nacido. Le he pedido a Dios que provea un militante, intelectual con un celo apasionado que pueda ligar la Palabra de Dios con el regalo de vida en mi generación—alguien apasionado y en fuego.

Ese alguien podrías ser tú.

Yo no estoy hablando de bombardear clínicas de aborto ni de asesinar a quienes matan niños que todavía no han nacido.

Yo estoy hablando de *una unción,* un manto y un llamado—de cuando alguien *se levante* para completar su Asignación en esta generación: para desafiar, corregir y conquistar las Semillas de rebelión que han crecido alrededor de nosotros.

Tu enojo es importante. Muy Importante. No lo ignores. Satanás teme tu furia. *Un hombre enojado es un hombre que ha despertado.* Un hombre enojado cambia la mente de los demás.

La Furia Enfocada Es Frecuentemente La Llave Para Un Cambio Milagroso.

Recuerda: *Lo Que Odias Es Una Pista Para Algo Que Estás Asignado Para Corregir.*

⫷ 5 ⫸

Lo Que Te Entristece Es Una Pista Para Algo Que Estás Asignado Para Sanar

Las Lágrimas Hablan.

Por lo que tú lloras es una pista para algo que fuiste creado y ordenado por Dios para sanar. *La compasión es una señal.*

¿Qué te entristece? ¿Esposas golpeadas? ¿Niños que han sufrido abuso y maltrato? ¿La ignorancia? ¿La enfermedad? ¿La pobreza? ¿La pornografía? ¿El homosexualismo? ¿El aborto? Nómbralo. Se honesto contigo mismo.

Tu preocupación te califica como un *instrumento de sanidad.*

Lo que te hace llorar es una pista hacia un problema que Dios te ha ungido para cambiar, conquistar y sanar. Mira a Nehemías. Su corazón se quebrantó por el derribamiento del muro de Jerusalén. Él no pudo dormir en la noche. Él no pudo descansar. Él lloró por largas horas.

Él fue sacudido con todo lo que hay dentro de él para escribir cartas, hacer contacto con oficiales y aún cambiar su vida para la reconstrucción del muro.

Examina a Esdras. Su corazón se quebrantó por el templo en esa ciudad de Jerusalén. Él no podía descansar. Él lloraba y sollozaba. Él leía Escrituras a la gente. Él sabía que la *presencia de Dios era el único remedio para la gente herida.* Él reconoció que los lugares eran importantes y que Dios honraría y recompensaría a quienes santificaran un centro de adoración en la ciudad. *Esos sentimientos eran señales para su Asignación.*

Hay una demencia en nuestra ciudad. Observa como la industria del licor tiene sus anuncios en cada cartelera espectacular de un estadio. Todo periódico está lleno de anuncios de licor. Inclusive el alcohol ha matado y destruido a más personas en nuestras calles y carreteras que aquellos que murieron a lo largo de toda la guerra de Vietnam.

Alguien dijo que hemos perdido más de nuestros hijos en muerte por alcoholismo que la cantidad total de quienes fallecieron en las guerras más grandes juntas. Sin embargo, todo mundo grita por los horrores de guerra mientras toman su alcohol en una mesa de coctel.

Algún día Dios va a levantar a otro Billy Sunday o a alguien que esté cansado de llorar por el cerebro de los niños estampados en las carreteras. Alguien va a estar tan contristado por las muertes sin sentido que su Asignación será clara. Entonces, esa Asignación *se convertirá en una obsesión* y esa persona se levantará para lanzar una guerra que *salvará* las vidas de miles y *sanará a los quebrantados* en esta generación.

¿Has llorado largas horas por una quiebra financiera y deudas? Piensa en las muchas familias en Los Estados Unidos que carecen de finanzas por el hábito de beber del padre. Piensa en los niños que no pueden cursar la escuela por el dinero que se gasta en el alcohol. ¿Lloras cuando ves a los niños sin hogar? Las lágrimas son pistas hacia donde Dios te usará más.

Oh, hay tantas cosas que deberían hacernos arder en fuego. ¿Qué te *contrista*? ¿Qué te *entristece*? ¿Qué te lleva a las lágrimas? Presta atención a eso. *Las lágrimas son pistas* hacia la naturaleza de tu

Asignación.

Donde Más Te Dueles Es Una Pista Para Lo Que Puedes Sanar Mejor.

Recuerda: Lo Que Te Entristece Es Una Pista Para Algo Que Estás Asignado Para Sanar.

Lo Que Tú Amas
Es Una Pista
A Los Dones
Que Contienes.

-MIKE MURDOCK

∾ 6 ∾

LO QUE TÚ AMAS ES UNA PISTA A LOS DONES, HABILIDADES Y SABIDURÍA QUE CONTIENES

El Amor Da Nacimiento A La Sabiduría.

Permíteme explicarlo. Cuando tienes amor por los niños, una Sabiduría especial empieza a crecer y a desarrollarse en ti hacia tus hijos. Tú empiezas a entender sus temores, lágrimas y deseos. Cuando les tienes amor a los animales, desarrollas una intuición, una Sabiduría especial de su comportamiento y su conducta. Puedes sentir lo que están sintiendo. Cuando necesitas Sabiduría en tu matrimonio, primeramente debe nacer el amor por tu pareja. *La Sabiduría es el producto del amor.*

El amor da nacimiento a la persistencia. Cuando tú amas algo, das nacimiento a una tenacidad extraordinaria, determinación y persistencia. Recientemente, yo leí una historia poderosa acerca de un corredor. En su juventud, él tenía una enfermedad terrible. Los doctores insistían que él nunca podría volver a caminar. Pero había algo poderoso dentro de él. *Él amaba el correr.*

Su amor por correr dio nacimiento a la determinación. Él terminó ganando una medalla de oro el los Juegos Olímpicos.

El amor es más fuerte que la enfermedad. Es más fuerte que las dolencias. Es más fuerte que la pobreza.

Así que encuentra lo que amas verdadera y

contínuamente, y *programa tu agenda alrededor del amor.*

Tú contienes ciertas cualidades. Dones específicos y rasgos distintivos valiosos. Esos rasgos te hacen *único.* Tú eres diferente a la multitud. ¿Qué es lo que te hace diferente? ¿Acerca de qué *te gusta hablar más?*

Hablé de esto con mi equipo de colaboradores recientemente. "Si a todo humano sobre la tierra se le pagaran $10 dólares por hora de trabajo. Sin importar el tipo de trabajo, ¿qué harías? Por ejemplo, si eligieras ser el afanador de un edificio, recibirías $10 dólares por hora por hacerlo. Si tú decidieras que quieres ser un cirujano cardiólogo, de todas maneras recibirías $10 dólares por hora. ¿Qué te gustaría hacer si el dinero no fuera un factor ya más?". *Esa Es Tu Asignación En La Vida.*

Moisés amaba a la gente. Cuando él vio que un egipcio golpeaba a un israelita, se movió rápidamente. En su pasión por justicia mató al egipcio. Eso fue desafortunado. Eso pospuso su Asignación. Pero el amor por su gente era una pista a su manto como libertador. Él estaba atento al clamor. A él le importaba. Su compasión era profunda. Porque él tenía amor por la gente, él podía guiar a la gente. Ellos lo seguían. Sí, ellos se quejaban, gemían y se aferraban, pero ellos habían encontrado su líder.

Abraham amaba la paz. Él despreciaba el conflicto. Así, cuando Dios decidió destruir Sodoma y Gomorra, Abraham se convirtió en un intercesor y mediador de Lot, su sobrino quien vivía en Sodoma. Su amor por la paz y justicia fue recompensado por Dios. Aunque Sodoma y Gomorra fueron destruídos, Lot y sus hijas fueron sacados a salvo. Sucedió porque Abraham contenía algo muy preciado: un amor por la paz. *Su amor por la paz dio nacimiento a la Sabiduría necesaria para lograrlo.*

Recientemente un amigo cercano vino a nuestro ministerio y dio una enseñanza especial. Él nos practicó un perfil de personalidad que nos ayudó a descubrir los más grandes dones dentro de nosotros. Él nos enseñó cómo examinar las vidas de los personajes Bíblicos y nos mostró la relación que hay entre ellos y nosotros. Esta es una de las cosas más interesantes que puedes hacer. Debes encontrar lo que realmente te preocupa y desarrollar tu vida alrededor de eso.

Es sabio alterar y cambiar las fallas dentro de nosotros, pero es más sabio reconocer y abrazar el centro de tu llamamiento.

Permite que el *verdadero tú* se vuelva fuerte. Yo he escuchado frecuentemente que la gente le dice insistentemente a una persona tímida, "¡Debes hablar más!" Entonces la misma persona se voltea con alguien que habla mucho y le dice—"¡Cállate! ¡Solamente siéntate y escucha!". Instruimos a los jovenes, "Toma la vida más en serio". Entonces instruimos a los ancianos—"¡Necesitan ser menos serios y más leves!".

No te alejes de la esencia de lo que Dios te hizo. Entiende la importancia de tu *singularidad.*

Discierne tus dones. *Nombra* tu llamamiento. Programa tu agenda en torno a eso. Cualquier cosa que estés llamado a hacer es lo que deberías estar haciendo.

Recuerda: *Lo Que Verdaderamente Amas Más Es Una Pista Hacia Un Don Maravilloso Y Cualidad Dentro De Tí.*

Lo Que Estás Dispuesto
A Dejar, Determina
Lo Que Dios Te Traerá.

-MIKE MURDOCK

7

Tu Asignación Es Geográfica

Los Lugares Importan.

Dios hizo los lugares antes de hacer a la gente. Por lo tanto, *donde* tú estás es casi tan importante como lo que tú eres.

Hace algún tiempo, un ministro amigo compartió una historia interesante durante el almuerzo. "Mike", dijo él, "cuando yo estaba a 100 millas de Dallas, tenía un buen éxito, pero nada extraordinario. El momento en que me cambié a Dallas, nuestra iglesia aquí, explotó absolutamente. Yo supe inmediatamente que estaba en el lugar correcto en el momento correcto".

Donde Tú Estás Determina Lo Que Crece Dentro De Ti. Tus debilidades o tus fortalezas requieren un clima.

Dios le habló a Moisés. "Bastante habéis rodeado este monte; volveos al norte", (Deuteronomio 2:3).

Jesús sabía que la *geografía importaba.* "Y le era necesario pasar por Samaria", (Juan 4:4). Él pudo haber añadido, "¡Porque hay una mujer allá que Me necesita, que puede alcanzar a la ciudad entera!".

Lee Juan 4:1-42 cuidadosamente. Jesús sabía que una persona Lo necesitaba ese mismo día.

Jonás recibió la instrucción de ir a Nínive. Él se rebeló. Desde entonces, todo el mundo ha leído su diario de asistencia a "¡La Universidad de la Ballena!".

Abraham recibió la instrucción de *dejar* la casa de su padre en Ur de los Caldeos y emprender el viaje hacia una *nueva tierra.*

Rut dejó Moab y siguió a su suegra Noemí *de regreso a Belén,* ¡donde conoció a su Booz!

Ester fue educada por Mardoqueo. Pero cuando Dios estaba listo para bendecirla, Él *la llevó al palacio.*

Quinientas personas recibieron la instrucción de Jesús de ir al *Aposento Alto.* Sólo 120 obedecieron. Sólo 120 recibieron la bendición prometida. Tú no puedes trabajar en el trabajo erróneo, con el jefe erróneo, haciendo las cosas erróneas durante 40 horas a la semana y preguntarte por qué dos horas a la semana en la iglesia ¡no cambian tu vida! *La geografía juega una parte importante en cada historia de éxito.*

Dios no te bendecirá justo en cualquier lugar a donde vayas. Dios te bendecirá, sin embargo, si estás dispuesto a ir a *cualquier lugar* ¡para que *Lo obedezcas y Lo complazcas!* Sí, es verdad que: Donde Tú Estás Determina Lo Que Crece Dentro De Ti—hierba mala o flores, fortalezas o debilidades.

¿Te has dado cuenta que cuando estás en presencia de ciertos amigos te ríes de diferentes bromas? ¿Te has dado cuenta que el tema de tu conversación cambia frecuentemente, *dependiendo de la gente* que te rodea?

2 Llaves Que Han Abierto Milagros Para Mi Propia Vida

1.   **Donde Tú Estás Determina Quien Te Ve.**
2.   **Quienes Te Ven Determinan El Favor Que Viene Hacia Ti.**

Nadie recibe favor a menos que sea visto. José no fue promovido sino hasta que el faraón lo *vio.* Rut no fue promovida sino hasta que Booz la *vio.* El hombre ciego no recibió instrucciones sino hasta que Jesús lo *vio.* La hija del faraón no mostró favor al bebé Moisés en la canasta sino hasta que ella lo *vio.*

La geografía importa. Controla el *fluir del favor* en tu vida. Y nunca olvides que *un día de favor vale lo que mil días de labor.*

Ve A Donde Eres Celebrado En Vez De Donde Eres Tolerado. Busca estar donde Dios te quiere, diariamente, cada hora, semanalmente. Vuélvete más consciente de dónde tú *estás,* donde tú *trabajas* y *para quien* trabajas. Es muy triste que alguna gente simplemente toma el periódico y empieza a llamar a lugares buscando un trabajo en vez de sentarse en la presencia de Dios y preguntarle, *"¿A quién he sido enviado hoy?".* Alguien debe tener *éxito gracias a ti.* ¿Quién es? ¿A *quién* has sido *enviado?*

Lo ves, *cuando estás con la gente correcta, lo mejor de ti sale y la peor parte de ti* morirá.

Recuerda: *Tu Éxito Siempre Estará Ligado A Un Lugar: Al Lugar De Tu Asignación.*

Toda Relación Te Lleva
Hacia Tus Sueños O
Te Aleja De Ellos.

-MIKE MURDOCK

⇜ 8 ⇝

Tu Asignación Te Llevará A Donde Eres Celebrado En Vez De Tolerado

Alguien, En Algún Lado, En Algún Momento Te Celebrará.

Jesús les dijo a Sus discípulos, "Mas en cualquier ciudad o aldea donde entréis, informaos quién en ella sea digno, y posad allí hasta que salgáis. Y al entrar en la casa, saludadla. Y si la casa fuere digna, vuestra paz vendrá sobre ella; mas si no fuere digna, vuestra paz se volverá a vosotros. Y si alguno no os recibiere, ni oyere vuestras palabras, salid de aquella casa o ciudad, y sacudid el polvo de vuestros pies", (Mateo 10:11-14).

"La intimidad debe ser *ganada*".

Jesús tenía diferentes *Círculos de Amor* alrededor de Él. Juan, el amado, posó su cabeza sobre Su hombro. Pedro, Santiago y Juan eran los más cercanos. Luego los 12 discípulos que viajaban con Él. Después, estaban los otros y las multitudes.

La profundidad del deseo determinó el acceso que Él dio a los demás.

Si estás en ministerio de tiempo completo, toma nota: Hubo un tiempo a principios de mi ministerio que sentí un rechazo muy agudo. Cuando ciertas personas no me aceptaban, yo realmente sentía como si algo estuviera mal conmigo. En numerosas ocasiones me he sentado solo en mi pequeño cuarto de hotel repasando mentalmente el servicio. ¿Dije algo que estuvo en desacuerdo con su teología? ¿Dije algo que estuviera mal? ¿Prediqué por mucho tiempo? ¿Fallé en dar suficientes ilustraciones? ¿No les gustó mi canto?

No hay final a las dudas que el enemigo pondrá en tu cabeza acerca de tu vida y tu Asignación. Ciertamente es bueno evaluar tus esfuerzos, analizar tu productividad y tratar de llegar al máximo nivel de excelencia.

Pero, cuando estudias la vida de Jesús, tú no lo ves con hambre de ser aprobado por los fariseos. Él no movió ni el dedo meñique para atraer a los hipócritas. En vez de esto, Él pasó tiempo con los impíos recolectores de impuestos que vieron Su valor y celebraron Su diferencia.

Esto puede sonar fuerte, pero si no te ves a ti mismo como una recompensa para los demás, te puedes llegar a convertir en un quejumbroso inútil, que se arrastra a los pies de la gente esnob e hipócrita. No caigas en esto. Jesús dijo que probaras cualquier casa donde entras. *Califica a la gente para que entres.* Hazte la pregunta, "¿Esta gente es digna de los dones que Dios ha puesto dentro de mí? ¿Son capaces de celebrar el Tesoro que recién cruzó la puerta?".

"No deis lo santo a los perros, ni echéis vuestras perlas delante de los cerdos, no sea que las pisoteen, y se vuelvan y os despedacen", (Mateo 7:6).

Califica La Tierra Que Te Rodea Antes De Plantar La Semilla De Tu Vida.

Recuerda: *Tu Asignación Te Llevará A Donde Eres Celebrado En Vez De Tolerado.*

9
TU ASIGNACIÓN REQUERIRÁ TIEMPO

El Tiempo Es La Divisa De La Tierra.

El *peso* es la divisa de México. El *dólar* es la divisa de los Estados Unidos. El *franco* es la divisa de Francia. La divisa de la tierra es el *Tiempo*.

Dios no te dio amigos. Él te dio *Tiempo*, y tú *invertiste* Tiempo en gente y *creaste amistades*. Él no te dio dinero. Él te dio *Tiempo*. Tú lo intercambiaste por papel moneda de tu jefe y tu patrón.

Dios usa el Tiempo para lograr Sus propios objetivos en la tierra. Él usa el Tiempo para *desarrollar* las Semillas de grandeza Él planta en el suelo de la gente.

Tu Asignación Requerirá Tiempo—más de lo que te das cuenta. Se requerirá tiempo de *preparación*; etapas de *negociación*; etapas de *agravios*. Y sí, aún temporadas de *guerra* espiritual.

Moisés fue entrenado por Dios durante 80 años antes de llegar a ser un gran libertador. Jesús invirtió 30 años de tiempo antes de empezar Su ministerio terrenal de tres y medio años.

"Todo tiene su tiempo, y todo lo que se quiere debajo el cielo tiene su hora.

Tiempo de nacer, y tiempo de morir; tiempo de plantar, y tiempo de arrancar lo plantado;

Tiempo de matar, y tiempo de curar; tiempo de

destruir, y tiempo de edificar;

Tiempo de llorar, y tiempo de reir; tiempo de endechar, y tiempo de bailar;

Tiempo de esparcir piedras, y tiempo de juntar piedras; tiempo de abrazar, y tiempo de abstenerse de abrazar;

Tiempo de buscar, y tiempo de perder; tiempo de guardar, y tiempo de desechar;

Tiempo de romper, y tiempo de coser; tiempo de callar, y tiempo de hablar;

Tiempo de amar, y tiempo de aborrecer; tiempo de guerra, y tiempo de paz".

(Eclesiastés 3:1-8.)

"Todo lo hizo hermoso en su tiempo; y ha puesto eternidad en el corazón de ellos, sin que alcance el hombre a entender la obra que ha hecho Dios desde el principio hasta el fin", (Eclesiastés 3:11).

La grandeza te costará la divisa del Tiempo.

Se requiere de *Tiempo* para desarrollar una relación con tu mentor.

Se requiere de *Tiempo* para *establecer una reputación de* integridad *probada*.

Se requiere de *Tiempo* para construir cuidadosamente una cimentación financiera para un gran futuro.

Se requiere de *Tiempo para extraer información* de una crisis o de un momento crítico en tu vida.

Se requiere de *Tiempo* para ser *restaurado* cuando has cometido un gran error.

"No nos cansemos, pues, de hacer bien; porque a su tiempo segaremos, si no desmayamos", (Gálatas 6:9).

Alguien ha dicho bien que es imposible *ahorrar* el Tiempo. Simplemente debes aprender a invertirlo sabiamente. "Aprovechando bien el tiempo, porque los días son malos", (Efesios 5:16).

Enfócate en crear un día perfecto. Como ves, en cierto sentido, tú nunca verás tu futuro realmente. Cuando tú llegas a tu futuro, tú lo llamas, "Hoy". El ayer ya pasó. El mañana *no está aquí todavía.*

El ayer está en la *tumba.*

El mañana está en el *vientre.*

El Hoy Es Realmente Tu Vida.

Usa Estas 9 Llaves Para Hacer Que Tu Tiempo Cuente

1.   **Enfócate En Planear Las Próximas 24 Horas Cuidadosamente.**

2.   **Concéntrate En Hacer De Cada Hora Una Hora Productiva.**

3.   **Programa Un Hora De Acción Respecto A La Sabiduría.** (Lee La Palabra de Dios.)

4.   **Programa Otra Hora De Acción Respecto Al Espíritu Santo Y Para Recibir Consejo.** (Tiempo de oración en el Lugar Secreto.)

5.   **Programa Otra Hora De Acción Respecto A Tu Salud.** (Haz ejercicio diariamente.)

6.   **Programa Una Hora Como Monitor, Mentor Y Para Motivar A Tu Círculo De Amor.** Estos son aquellos a quienes amas que están ligados a tu Asignación.

7.   **Programa Una Hora Para Restauración.** (Puede ser una siesta o simplemente relajamiento y ver las noticias por media hora. Este es tiempo de restauración.)

8.   **Protege El Acceso A Tí Mismo.** Califica a quienes entran al ámbito de tu vida. Ellos deben desear *lo que posees* o que deben poseer *algo que deseas.*

9.   **Despeja Tu Vida Al Despejar Tu Día.**

Elimina las cosas que Dios no te diga específicamente que hagas.

Cuando aprendes a crear un día perfecto, puedes hacer que así sea cada día de tu vida.

La paciencia es tan poderosa como la fe. Es la fuerza que hace productiva a la fe. La paciencia de Dios ha producido millones de vidas salvadas. Él tuvo la voluntad de edificar pacientemente un camino en nuestras vidas hasta que consideramos que podíamos creer en Él y aceptamos Su autoridad en nuestras vidas.

Toma el tiempo de descubrir tu Asignación.

Después Invierte El Tiempo Necesario Para Hacerla *Bien*.

Recuerda: *Tu Asignación Requerirá Tiempo.*

❧ **10** ❧

Si Te Rebelas En Contra De Tu Asignación, Dios Puede Permitir Que Experiencias Dolorosas Te Corrijan

———————◆❖◆———————

Dios No Será Ignorado.
Dios puede crear experiencias dolorosas, experiencias inolvidables.

Jonás es un ejemplo perfecto. Él se rebeló contra las instrucciones de Dios de "Levántate y ve a Nínive, aquella gran ciudad, y pregona contra ella; porque ha subido su maldad delante de Mí", (Jonás 1:2). En vez, "Y Jonás se levantó para huir de la presencia de Jehová a Tarsis, y descendió a Jope, y halló una nave que partía para Tarsis; y pagando su pasaje, entró en ella para irse con ellos a Tarsis, lejos de la presencia de Jehová. Pero Jehová hizo levantar un gran viento en el mar, y hubo en el mar una tempestad tan grande que se pensó que se partiría la nave", (Jonás 1:3-4).

Jonás tuvo que aguantar tres días y noches miserables en el vientre del pez antes de volver a sus cinco sentidos y aceptar su Asignación.

Nunca juzgues mal a Dios. Nunca pienses que Él ignorará pequeños actos de desafío. La disciplina viene. La reacción viene.

Mira la vida de Josué. Cuando Acán se rebeló y se quedó con algunos de los despojos de guerra, ellos perdieron la primera batalla de Ai. En un solo día, su reputación se manchó y los hombres de Josué perdieron total confianza. Acán había ignorado el mandamiento de Dios. Como consecuencia, toda la nación sufrió la derrota hasta que la obediencia volvió a ser su prioridad.

Pocos han entendido esta verdad: *La desobediencia de una persona puede crear juicio corporativo.* Es posible que cuando una persona está fuera de la voluntad de Dios, todo mundo alrededor de esa persona *deba pagar el precio por eso.*

Hace años, un líder bien conocido hizo la declaración que cuando las finanzas se ponían difíciles en su ministerio, él se iba a orar: Un día Dios le dijo que dejara de orar. "Alguien que está en tu equipo de colaboradores no tiene cabida aquí. Esa es la razón por la que he cerrado el fluir de las finanzas. Él despidió a esa persona en particular y las finanzas volvieron a fluir. Lo dije anteriormente, pero debe ser dicho en cada página de este libro: *Cuando logras que la gente errónea salga de tu vida, las cosas erróneas dejan de suceder".*

Recuerda, *Las Olas De La Desobediencia De Ayer Romperán En Las Costas De Hoy Por Una Temporada.* Si estás caminando en contradicción a las leyes de Dios, espera dolorosas experiencias en el camino, más adelante.

El dolor es correctivo.

Sucede frecuentemente en la Casa del Alfarero, donde nuestro Padre está moldeando *vasijas de barro común, en explosiones proezas fuera de lo común.* "Bueno me es haber sido humillado, para que aprenda Tus estatutos", (Salmos 119:71).

Hay 5 Recompensas Del Dolor

1.   **El Dolor Te Fuerza A *Mirar*...La Palabra**

De Dios Para Encontrar Respuestas.

2.   El Dolor Te Fuerza A *Reclinarte*...En El Brazo De Dios En Vez Del Hombre.

3.   El Dolor Te Fuerza A *Aprender*...Del Camino En Que Te Extraviaste.

4.   El Dolor Te Fuerza A *Anhelar*...Su Presencia Y Sanidad.

5.   El Dolor Te Fuerza A *Escuchar*...Los Cambios En Las Instrucciones De Dios.

Por eso, *no malentiendas las estaciones de dolor. Ellas dan nacimiento al proceso de sanidad.*

Recuerda: *Si Te Rebelas En Contra De Tu Asignación, Dios Puede Permitir Que Experiencias Dolorosas Te Corrijan.*

Todos Los Hombres Caen;
Los Grandes Se Levantan.

-MIKE MURDOCK

❧ 11 ❧
Dios Puede Perdonar Cualquier Pecado O Error Que Hayas Hecho En La Búsqueda De Tu Asignación

El Fracaso Se Da. Dios no está sorprendido por esto.

Dios sabe que los hombres caen. "Por Jehová son ordenados los pasos del hombre, y Él aprueba su camino. Cuando el hombre cayere, no quedará postrado, porque Jehová sostiene su mano", (Salmos 37:23-24).

Los hombres buenos a veces caen más de una vez. "*Porque siete veces cae el justo, y vuelve a levantarse*", (Proverbios 24:16).

Aún aquellos que caminaron con Jesús, fallaron. Jesús lo predijo. Escuchen lo que dijo Pedro, "De cierto, de cierto te digo: No cantará el gallo, sin que me hayas negado tres veces", (Juan 13:38). Sucedió. "Negó Pedro otra vez; y en seguida cantó el gallo", (Juan 18:27).

Jesús no lo condenó, ni lo criticó, ni lo destruyó. Él simplemente lo perdonó. Entonces Él convirtió a Pedro en uno de los más poderosos y magníficos ganadores de almas documentados en el Nuevo Testamento. "Pedro les dijo: Arrepentíos, y bautícese cada uno de vosotros en el nombre de Jesucristo para perdón de los pecados; y recibiréis el don del Espíritu Santo. Porque para vosotros es la promesa, y para vuestros hijos, y para todos los que están lejos; para cuantos el Señor nuestro Dios llamare. Y con otras muchas palabras testificaba y les exhortaba, diciendo: Sed salvos de esta perversa generación. Así que, los que recibieron su palabra fueron bautizados; y se añadieron aquel día como tres mil personas", (Hechos 2:38, 41). ¡Inclusive él escribió dos libros más en el Nuevo Testamento!

Primeramente, Jesús dio nacimiento a la *esperanza* en Pedro al mostrarle también una fotografía de sus *victorias futuras*. "Y yo también te digo, que tú eres Pedro, y sobre esta roca edificaré Mi iglesia; y las puertas del Hades no prevalecerán contra ella", (Mateo 16:18).

Luego, Jesús sembró en su vida las mismas llaves del reino. "Y a ti te daré las llaves del reino de los cielos; y todo lo que atares en la tierra será atado en los cielos; y todo lo que desatares en la tierra será desatado en los cielos", (Mateo 16:19).

Después, Jesús lo *alertó de su enemigo,* para aumentar la guardia y defensa de Pedro. "Dijo también el Señor: Simón, Simón, he aquí satanás os ha pedido para zarandearos como a trigo", (Lucas 22:31).

Por último, Jesús *le dio una Asignación* que mostró Su confianza *personal* en que Pedro la completaría. "Y tú, una vez vuelto, confirma a tus hermanos", (Lucas 22:32).

Uno de los capítulos más tristes y que rompen el corazón en toda la Biblia es 2 Samuel 11. Uno de los más grandes campeones de la fe, David, cayó en inmoralidad. Primero, él cometió el pecado de adulterio con Betsabé. Después él fue un paso más lejos: él decidió mandar matar a su marido en batalla.

Pero, el hombre de Dios se presentó en su casa.

Las sanciones siempre llegan. Si nunca vieras a Dios sancionar la rebelión, sería imposible tener fe en que Él recompensará la obediencia. El juicio vino. Un niño murió. Un hijo violó a su hija. Otro hijo había matado a su hermano.

Pero David tenía una habilidad que iba más allá de su capacidad con el arpa. Iba más allá de su habilidad como guerrero en el campo de batalla. Él poseía una habilidad que iba más allá de su habilidad de administrar o supervisar todo el reino.

David tenía la *habilidad de arrepentirse.*

"Entonces dijo David a Natán: Pequé contra Jehová. Y Natán dijo a David: También Jehová ha remitido tu pecado; no morirás", (2 Samuel 12:13).

¿Has fallado? ¿Está roto tu corazón por tu error? Una invitación real ha sido enviada a tu casa hoy. "Venid luego, dice Jehová, y estemos a cuenta: si vuestros pecados fueren como la grana, como la nieve serán emblanquecidos; si fueren rojos como el carmesí, vendrán a ser como blanca lana", (Isaías 1:18).

Sansón es una conocida historia de fracaso. Muchos no recuerdan su recuperación. Su historia es una colección de milagros. Un ángel del Señor se le apareció a su mamá y predijo su nacimiento. Recibió la instrucción de disciplinar su vida cuidadosamente porque Dios lo había seleccionado como libertador de Israel. (Lee Jueces 13:2-5.)

Dios lo bendijo. El Espíritu del Señor vino sobre él, y le dio experiencias sobrenaturales cuando su fuerza era milagrosa. (Lee Jueces 14:6, 19.)

Los enemigos tomaron su vida como blanco. Lo emboscaron. Cuidadosamente planearon su caída. Ellos encontraron su debilidad—una mujer. Ella era sensual. Ella era manipuladora. Ella era una prenda en la mano de sus enemigos. Ella era tenaz y persistente cada día. Ella quería que él vaciara su corazón y le dijera el secreto más profundo de su vida. "Y aconteció que, presionándole ella cada día con sus palabras e importunándole, su alma fue reducida a mortal angustia. Le descubrió, pues, todo su corazón, y le dijo: Nunca a mi cabeza llegó navaja; porque soy nazareo de Dios desde el vientre de mi madre. Si fuere rapado, mi fuerza se apartará de mí, y me debilitaré y seré como todos los hombres", (Jueces 16:16-17).

Él falló en una forma trágica y horrible. "Mas los filisteos le echaron mano, y le sacaron los ojos, y le llevaron a Gaza; y le ataron con cadenas para que moliese en la cárcel", (Jueces 16:21).

Sin embargo, las estaciones empezaron a cambiar, "Y el cabello de su cabeza comenzó a crecer, después que fue rapado", (Jueces 16:22).

Cuando lo trajeron para reírse de él en el gran auditorio, *Sansón recordó el ayer.*

Él recordó la *presencia de Dios.*

Él recordó su unción y victorias electrizantes.

De alguna manera, él *conoció* el corazón de Dios.

Él buscó otra vez. Oh, es un día fantástico en tu vida cuando tomas la decisión de buscar nuevamente la restauración. Dios te *ha estado esperando.* Como el padre del hijo pródigo, ¡Él correrá para encontrarte a la puerta! Oh sí, ¡Él lo hará!

"Entonces clamó Sansón a Jehová, y dijo: Señor Jehová, acuérdate ahora de mí, y fortaléceme, te ruego, solamente esta vez, oh Dios, para que de una vez tome venganza de los filisteos por mis dos ojos. Asió luego

Sansón las dos columnas de en medio, sobre las que descansaba la casa, y echó todo su peso sobre ellas, su mano derecha sobre una y su mano izquierda sobre la otra. Y dijo Sansón: Muera yo con los filisteos. Entonces se inclinó con toda su fuerza, y cayó la casa sobre los principales, y sobre todo el pueblo que estaba en ella. Y los que mató al morir fueron muchos más que los que había matado durante su vida", (Jueces 16:28, 30).

Y ese no es el final de la historia. Él es mencionado cientos y cientos de años después cuando Dios desplegó los héroes de la fe en Hebreos 11. Él es mencionado en el mismo capítulo con Abraham, Isaac, Jacob, José, Moisés y Samuel el profeta. "¿Y qué más digo? Porque el tiempo me faltaría contando de Gedeón, de Barac, de Sansón, de Jefté, de David, así como de Samuel y de los profetas; que por fe conquistaron reinos, hicieron justicia, alcanzaron promesas, taparon bocas de leones, apagaron fuegos impetuosos, evitaron filo de espada, sacaron fuerzas de debilidad, se hicieron fuertes en batallas, pusieron en fuga ejércitos extranjeros", (Hebreos 11:32-34).

Dios lo hizo por Sansón. Y, *Él puede hacerlo por ti*.

En Hebreos, el nombre de Betsabé nunca se menciona. El nombre de Dalila nunca se discute. Como ves, el ayer ya pasó. Se terminó. "No os acordéis de las cosas pasadas, ni traigáis a memoria las cosas antiguas. He aquí que yo hago cosa nueva; pronto saldrá a luz; ¿no la conoceréis? Otra vez abriré camino en el desierto, y ríos en la soledad", (Isaías 43:18-19).

Tu responsabilidad es *buscar*.

La responsabilidad de Dios es *responder*.

"Porque como la altura de los cielos sobre la tierra, engrandeció Su misericordia sobre los que le temen.

Cuanto está lejos el oriente del occidente, Hizo alejar de nosotros nuestras rebeliones. Como el padre se compadece de los hijos, se compadece Jehová de los que le temen. Porque Él conoce nuestra condición; Se acuerda de que somos polvo. Mas la misericordia de Jehová es desde la eternidad y hasta la eternidad sobre los que le temen, y Su justicia sobre los hijos de los hijos", (Salmos 103:11-14, 17).

Puedes enfocarte otra vez en tu Asignación. Tus Mejores Días están *Justo Por Venir.*

Recuerda: *Dios Puede Perdonar Cualquier Pecado O Error Que Hayas Hecho En La Búsqueda De Tu Asignación.*

❧ 12 ❧
TU ASIGNACIÓN REQUERIRÁ TEMPORADAS DE PREPARACIÓN

No Naces Calificado, Debes Llegar A Estar Calificado.

Mira la vida de Moisés. Él pasó sus primeros 40 años aprendiendo la Sabiduría de los Egipcios. "Y fue enseñado Moisés en toda la sabiduría de los Egipcios; y era poderoso en sus palabras y obras. Cuando hubo cumplido la edad de cuarenta años, le vino al corazón el visitar a sus hermanos, los hijos de Israel", (Hechos 7:22-23).

Él pasó otros 40 años aprendiendo las lecciones de liderazgo y sacerdocio. "Apacentando Moisés las ovejas de Jetro su suegro, sacerdote de Madián, llevó las ovejas a través del desierto, y llegó hasta Horeb, monte de Dios", (Éxodo 3:1).

"Pasados cuarenta años, un ángel se le apareció en el desierto del monte Sinaí, en la llama de fuego de una zarza. Entonces Moisés, mirando, se maravilló de la visión; y acercándose para observar, vino a él la voz del Señor", (Hechos 7:30-31).

Moisés fue un protegido por 80 años. Sus primeros 40 años él fue general en el ejército Egipcio. Sus segundos 40 años, él fue un pastor de cientos de ovejas.

Preparación. *Preparación.* PREPARACIÓN.

Jesús pasó 30 años preparándose para su ministerio. "Jesús mismo al comenzar Su ministerio era como de treinta años, hijo, según se creía, de José, hijo de Elí", (Lucas 3:23). Estos días parecen ser tan diferentes para los ministros jóvenes. El promedio de ministros jóvenes quiere prepararse sólo tres años y medio y tener 30 años de un ministerio famoso. Jesús hizo lo opuesto. *Él se preparó por 30 años para un ministerio significativo de 3 y medio años.*

El Apóstol Pablo fue un Fariseo y el hijo de un Fariseo, (Lee Hechos 23:6). Él había invertido años de preparación con la élite intelectual de la sociedad de su generación. "Aunque yo tengo también de qué confiar en la carne. Si alguno piensa que tiene de qué confiar en la carne, yo más: circuncidado al octavo día, del linaje de Israel, de la tribu de Benjamín, hebreo de hebreos; en cuanto a la ley, fariseo; en cuanto a celo, perseguidor de la iglesia; en cuanto a la justicia que es en la ley, irreprensible", (Filipenses 3:4-6).

Aún así, esta preparación no fue suficiente. "Pero cuantas cosas eran para mí ganancia, las he estimado como pérdida por amor de Cristo", (Filipenses 3:7).

Dios tenía otra escuela de tres años para él. "Ni subí a Jerusalén a los que eran apóstoles antes que yo; sino que fui a Arabia, y volví de nuevo a Damasco. Después, pasados tres años, subí a Jerusalén para ver a Pedro, y permanecí con él quince días", (Gálatas 1:17-18).

Pablo Fue Mentor De Otros En Relación A Las 14 Estaciones De La Vida En El Ministerio

1.   **Estaciones De Aflicción**— "...Por tanto, no te avergüences de dar testimonio de nuestro Señor, ni de mí, preso suyo, sino participa de las aflicciones por el evangelio según el poder de Dios", (2 Timoteo 1:8). "Bueno me es haber sido humillado, para que aprenda

Tus estatutos", (Salmos 119:71).

2. Estaciones De Soledad— "Deseando verte, al acordarme de tus lágrimas, para llenarme de gozo", (2 Timoteo 1:4).

3. Estaciones De Guerra— "Tú pues, sufre penalidades como buen soldado de Jesucristo. Ninguno que milita se enreda en los negocios de la vida, a fin de agradar a aquel que lo tomó por soldado", (2 Timoteo 2:3-4).

4. Estaciones De Sufrimiento— "Si sufrimos, también reinaremos con Él", (2 Timoteo 2:12).

5. Estaciones De Ignorancia— "Procura con diligencia presentarte a Dios aprobado, como obrero que no tiene de qué avergonzarse, que usa bien la palabra de verdad", (2 Timoteo 2:15).

6. Estaciones De Deseo Carnal— "Huye también de las pasiones juveniles, y sigue la justicia, la fe, el amor y la paz, con los que de corazón limpio invocan al Señor", (2 Timoteo 2:22).

7. Estaciones De Contención— "Pero desecha las cuestiones necias e insensatas, sabiendo que engendran contiendas. Porque el siervo del Señor no debe ser contencioso, sino amable para con todos, apto para enseñar, sufrido", (2 Timoteo 2:23-24).

8. Estaciones De Persecución— "Persecuciones, padecimientos, como los que me sobrevinieron en Antioquía, en Iconio, en Listra; persecuciones que he sufrido, y de todas me ha librado el Señor. Y también todos los que quieren vivir piadosamente en Cristo Jesús padecerán persecución", (2 Timoteo 3:11-12).

9. Estaciones De Prueba De Ti Mismo— "Pero tú sé sobrio en todo, soporta las aflicciones, haz obra de evangelista, cumple tu ministerio", (2 Timoteo 4:5).

10. Estaciones De Deslealtad— "Porque Demas me ha desamparado, amando este mundo, y se ha ido a Tesalónica. Crescente fue a Galacia, y Tito a Dalmacia", (2 Timoteo 4:10).

11. Estaciones De Injusticia— "Alejandro el calderero me ha causado muchos males; el Señor le pague conforme a sus hechos", (2 Timoteo 4:14).

12. Estaciones De Aislamiento— "En mi primera defensa ninguno estuvo a mi lado, sino que todos me desampararon; no les sea tomado en cuenta", (2 Timoteo 4:16).

13. Estaciones De Intervención Sobrenatural— "Pero el Señor estuvo a mi lado, y me dio fuerzas, para que por mí fuese cumplida la predicación, y que todos los gentiles oyesen. Así fui librado de la boca del león", (2 Timoteo 4:17).

14. Estaciones De Liberación— "Pero el Señor estuvo a mi lado, y me dio fuerzas, para que por mí fuese cumplida la predicación, y que todos los gentiles oyesen. Así fui librado de la boca del león. Y el Señor me librará de toda obra mala, y me preservará para su reino celestial. A él sea gloria por los siglos de los siglos. Amén", (2 Timoteo 4:17-18).

En toda etapa, él caminó en *Victoria*. (Ver Romanos 8:35-39.)

Mientras reviso los más de 60 años de mi vida, yo veo muchas estaciones. En cada estación, me sentí ignorante e inconsciente del *propósito* de esa estación específica. Yo me preguntaba, "¿Cómo puede Dios recibir algo de gloria de esta situación?". Mirando hacia atrás, veo Su intervención divina. Él me ha enseñado tanto.

¿Alguna vez viste la película, "The Karate Kid?". Contiene lecciones poderosas. El jovencito que desesperadamente quiere aprender el arte de pelear. Su viejo mentor esperó. En lugar de enseñarle a pelear, le dio una brocha y le dio la instrucción de pintar la barda. El joven estaba muy descorazonado. Pero, él siguió las instrucciones de su mentor.

Desanimado, desilusionado y muy molesto, no pudo ver ninguna relación entre el pintar la barda y pelear en el cuadrilátero. Cuando terminó, recibió la instrucción de pulir el auto, él estaba muy desmoralizado. Sus pensamientos eran, "¿Cómo me ayudará esto en mi futuro? ¿Cómo me ayudará esto a lograr mi deseo de ser un gran boxeador?".

Pero, el mentor estaba preparando secretamente cada movimiento de sus manos para desarrollar las *manos de un boxeador*. El joven no lo discernió sino hasta mucho después.

Tu Padre celestial sabe lo que Él está haciendo con tu vida. "Mas Él conoce mi camino; me probará, y saldré como oro", (Job 23:10).

A veces no discernirás Su presencia. "He aquí yo iré al oriente, y no lo hallaré; y al occidente, y no lo percibiré; si muestra su poder al norte, yo no lo veré; al sur se esconderá, y no lo veré", (Job 23:8-9).

Sí, inclusive tú experimentarás estaciones de disciplina. "Porque el Señor al que ama, disciplina, y azota a todo el que recibe por hijo. Es verdad que ninguna disciplina al presente parece ser causa de gozo, sino de tristeza; pero después da fruto apacible de justicia a los que en ella han sido ejercitados", (Hebreos 12:6, 11).

Abraza plenamente y ten expectación de la estación presente que Dios ha programado en tu vida. *Extrae todo beneficio posible.* "Por lo cual, levantad las manos caídas y las rodillas paralizadas", (Hebreos 12:12).

Tú sobrevivirás los fuegos del horno. "Si anduviere

yo en medio de la angustia, tú me vivificarás; Contra la ira de mis enemigos extenderás tu mano, Y me salvará tu diestra", (Salmos 138:7).

Tú estás siendo perfeccionado para tu Asignación. "Jehová cumplirá su propósito en mí; Tu misericordia, oh Jehová, es para siempre; No desampares la obra de tus manos", (Salmos 138.8).

Tu éxito es inevitable.

Recuerda: *Tu Asignación Requerirá Temporadas De Preparación.*

∽ 13 ∽
TU ASIGNACIÓN PUEDE CONTENER ESTACIONES DE INSIGNIFICANCIA

El Propósito Del Aislamiento Es Dar Nacimiento A Un Enfoque Total En Dios.

Como ves, *La Única Razón Por La Que El Hombre Fracasa Es Por Un Enfoque Roto.* Cuando satanás quiere distraerte, él trae alguien a tu vida para romper tu atención en Dios. Por lo que, el Padre en Su increíble Sabiduría sabe cómo quitar esas distracciones y hacer que Él nos mire otra vez.

7 Hechos Acerca De Las Temporadas De Insignificancia

1. Tú Puedes Experimentar Aislamiento Espiritual De Alguien Que Trabaja Contigo En La Obra De Dios. "Porque Demas me ha desamparado, amando este mundo, y se ha ido a Tesalónica. Crescente fue a Galacia, y Tito a Dalmacia", (2 Timoteo 4:10).

2. Tú Puedes Experimentar Aislamiento Social Y Pérdida De Respeto En Tu Comunidad. "Por la fe Moisés, hecho ya grande, rehusó llamarse hijo de la hija de Faraón, escogiendo antes ser maltratado con el pueblo de Dios, que gozar de los deleites temporales del pecado, teniendo por mayores riquezas el vituperio de Cristo que los tesoros de los egipcios; porque tenía puesta la mirada en el galardón", (Hebreos 11:24-26).

3. Tú Puedes Experimentar Quiebra Financiera Y Aislamiento De Todo Lo Que Era Seguro En Tu Vida. Le sucedió a Job. "Y vino un mensajero a Job, y le dijo: Estaban arando los bueyes, y las asnas paciendo cerca de ellos, y acometieron los sabeos y los tomaron, y mataron a los criados a filo de espada; solamente escapé yo para darte la noticia", (Job 1:14-15). "Todavía estaba éste hablando, y vino otro que dijo: Los caldeos hicieron tres escuadrones, y arremetieron contra los camellos y se los llevaron, y mataron a los criados a filo de espada; y solamente escapé yo para darte la noticia", (Job 1:17).

4. Las Estaciones Cambiarán. "Y quitó Jehová la aflicción de Job, cuando él hubo orado por sus amigos; y aumentó al doble todas las cosas que habían sido de Job", (Job 42:10).

5. La Resistencia Es Recompensada. Siempre. Por eso Pablo animó, "No perdáis, pues, vuestra confianza, que tiene grande galardón; porque os es necesaria la paciencia, para que habiendo hecho la voluntad de Dios, obtengáis la promesa", (Hebreos 10:35-36).

6. Dios Revela El Propósito De Las Estaciones. "Y te acordarás de todo el camino por donde te ha traído Jehová tu Dios estos cuarenta años en el desierto, para afligirte, para probarte, para saber lo que había en tu corazón, si habías de guardar o no Sus mandamientos. Y te afligió, y te hizo tener hambre, y te sustentó con maná, comida que no conocías tú, ni tus padres la habían conocido, para hacerte saber que no sólo de pan vivirá el hombre, mas de todo lo que sale de la boca de Jehová vivirá el hombre", (Deuteronomio 8:2-3).

7. Tu Próxima Estación Es Una Estación De Bendición. Él la garantiza. "Porque Jehová tu Dios te introduce en la buena tierra, tierra de arroyos, de aguas, de fuentes y de manantiales, que brotan en vegas y montes; tierra de trigo y cebada, de vides, higueras y granados; tierra de olivos, de aceite y de miel; tierra en la cual no comerás el pan con escasez, ni te faltará nada en ella; tierra cuyas piedras son hierro, y de cuyos montes sacarás cobre", (Deuteronomio 8:7-9).

Él lo hizo por Israel.

Él lo hará por *tí*.

Recuerda: *Tu Asignación Puede Contener Estaciones De Insignificancia.*

La Paciencia Es El Arma
Que Fuerza Al
Engaño A Revelarse
A Sí Mismo.

-MIKE MURDOCK

≋ 14 ≋

TU ASIGNACIÓN PUEDE REQUERIR ESTACIONES DE ESPERA

La Espera Es Evidencia De La Confianza.

Hay 13 Recompensas Por Esperar En Dios

1. La Espera Revela Paciencia. La paciencia es una Semilla. Siempre produce la Cosecha deseada. La paciencia es *recompensada* siempre. "Por la fe también la misma Sara, siendo estéril, recibió fuerza para concebir; y dio a luz aun fuera del tiempo de la edad, porque creyó que era fiel quien lo había prometido", (Hebreos 11:11).

2. El Tiempo De Espera No Es Tiempo Perdido. "Mas tenga la paciencia su obra completa, para que seáis perfectos y cabales, sin que os falte cosa alguna", (Santiago 1:4).

3. La Espera Garantiza Resultados Favorables. "Bueno es Jehová a los que en Él esperan, al alma que le busca. Bueno es esperar en silencio la salvación de Jehová", (Lamentaciones 3:25-26).

4. La Espera Es Tiempo De Aprendizaje. Mientras estés aprendiendo, no estás perdiendo. Tu Asignación requerirá *guerra* espiritual. Las batallas son normales en el campo de tu Asignación. La integridad del general demanda que él califique a sus soldados para la batalla. Dios te entrenará y te enseñará en el tiempo de espera. *"Bendito sea Jehová, mi roca, Quien adiestra mis manos para la batalla, y mis dedos para la guerra"*, (Salmos 144:1).

Tu carne reaccionará a la espera. Odia la espera. Quiere acción. Busca la actividad. *La espera fuerza la carne a morir.*

5. La Espera Revelará Los Verdaderos Motivos E Intenciones De Quienes Están A Tu Alrededor. Las motivaciones no siempre son fácilmente discernidas. Por eso José estuvo dispuesto a esperar antes de revelar su identidad a sus hermanos cuando ellos se acercaron a él por comida.

Ellos no sabían que él era su hermano. Él los conocía. Sin duda alguna, el deseo de revelarse a sí mismo era intenso. Pero él conocía las limitaciones de la intuición. Él recordaba la emoción de compartir su sueño con sus hermanos, solo para ser vendido en esclavitud por eso.

Los hombres sabios nunca confían en su intuición. Ellos confían en *pruebas*.

Los jóvenes *confían*.

Los sabios *prueban*.

6. La Espera Revela Que Tú Confías En Dios Pero Estás Dispuesto A Probar A Los Hombres. Es Bíblico. *"Estos confían en carros, y aquéllos en caballos; mas nosotros del nombre de Jehová nuestro Dios tendremos memoria"*, (Salmos 20:7). Como ves, la gente errónea puede mantener sus errores cubiertos por largos períodos de tiempo. Esperando que las fuerzas de la verdad emerjan.

7. La Espera Te Permite Reunir Información Precisa Y Sin Contaminar. Y la calidad de tu información determina la calidad de tus decisiones. La calidad de tus decisiones determina la calidad de tu vida.

8. **La Espera Te Trae La Verdad.**

9. **Mayor Espera Te Trae Mayor Verdad.**

10. **Suficiente Espera Te Trae Suficiente Verdad.**

11. **La Espera Provee A Dios El Tiempo Para Señalar Tu Problema Meticulosamente.** Dios es un Dios de milagros. Cuando tú te adelantas a Dios, le robas una oportunidad para probar Su poder en tu vida. Tú nunca verás la mano de Dios si continúas confiando en la mano del hombre en tu vida. La falta de disposición para esperar la provisión sobrenatural producirá tragedia cada vez.

Si pudieras asistir al taller de Abraham lo oirías llorar y decirte mil veces, "No des nacimiento a un Ismael en tu vida. Espera el tiempo de Dios. Él siempre cumplirá Su promesa".

Tu Padre te conoce muy bien. Él no está desmayado ni cansado. No hay límite a Su entendimiento.

12. **La Espera Aumenta La Fortaleza.** "El da esfuerzo al cansado, y multiplica las fuerzas al que no tiene ningunas. Los muchachos se fatigan y se cansan, los jóvenes flaquean y caen; pero los que esperan a Jehová tendrán nuevas fuerzas; levantarán alas como las águilas; correrán, y no se cansarán; caminarán, y no se fatigarán", (Isaías 40:29-31).

13. **La Espera Es Un Arma Que A Satanás Le Aterra Que Descubras.** "Para que satanás no gane ventaja alguna sobre nosotros; pues no ignoramos sus maquinaciones", (2 Corintios 2:11).

Recuerda: *Tu Asignación Puede Requerir Estaciones De Espera.*

La Soledad Es Acallar La Lógica Humana.

-MIKE MURDOCK

❧ 15 ❧
Tú Asignación Puede Requerir Estaciones De Aislamiento

Es Natural El Desear La Presencia De Otros.

Sin embargo, habrá momentos en la búsqueda de tu Asignación cuando tú te sientas totalmente aislado de *aquellos que tú amas*. Parecerá que no entienden. Parecerá que solamente tú estás motivado a completar las instrucciones de tu propia vida.

Jesús puede haberse sentido de esta manera inmediatamente después de Su bautismo. "Entonces Jesús fue llevado por el Espíritu al desierto, para ser tentado por el diablo. Y después de haber ayunado cuarenta días y cuarenta noches, tuvo hambre", (Mateo 4:1-2).

El tentador programa sus tentaciones.

Satanás no asiste a los bautismos. En el bautismo de Jesús, la multitud estaba ahí. La *motivación* estaba ahí. Las corrientes de gozo eran como una nieve ligera de nubes alrededor de Él. No, satanás esperó hasta que Jesús estuviera solo y aislado del ánimo de *otros*.

Casi todo ataque mayor de satanás ocurrirá cuando estés solo.

Así que, ¿por qué permite Dios que estés solo? Aquellos son los momentos cuando Él revela Su presencia, Su propósito, Su plan y Su poder.

Cuando estás escuchando solamente a los demás, quizá tú no escuches a Dios hablándote. El aislamiento es más que un vacío emocional. Provoca absoluta dependencia del *Espíritu Santo*. Es durante estos tiempos que tú *desarrollas una adicción de Su presencia*, la cual es la única prueba de *madurez*.

Cuando David estuvo aislado y separado de Su familia, cuidando a su rebaño, Dios le dio victorias que nadie más observaba. "David respondió a Saúl: Tu siervo era pastor de las ovejas de su padre; y cuando venía un león, o un oso, y tomaba algún cordero de la manada, salía yo tras él, y lo hería, y lo libraba de su boca; y si se levantaba contra mí, yo le echaba mano de la quijada, y lo hería y lo mataba. Fuese león, fuese oso, tu siervo lo mataba; y este filisteo incircunciso será como uno de ellos, porque ha provocado al ejército del Dios viviente", (1 Samuel 17:34-36).

Los *ministros* se sienten aislados cuando su mensaje es malentendido y no abrazado.

Las *madres* se sienten aisladas cuando un padre no las respalda en sus instrucciones a los niños.

Los *padres* se sienten aislados cuando sus labores son ignoradas y no apreciadas.

Los *empleados* se sienten aislados cuando solamente se reconocen sus errores.

Los *niños* se sienten aislados cuando los padres están muy ocupados para poner un alto y enfocar sus conversaciones.

Los *esposos* se sienten aislados cuando sus esposas muestran más emoción sobre sus hijos que sobre ellos.

Las *esposas* se sienten aisladas cuando los esposos prefieren trabajar tiempo extra que estar con su familia.

Yo he conocido el aislamiento muchas veces a través de mis 61 años de vida. A veces he cometido el *error de buscar un sustituto a Su presencia*. Quizá me senté a ver televisión para distraerme y romper mi enfoque del vacío dentro de mí. A veces he tomado el teléfono para llamarle a un amigo.

Lo más importante que puedes hacer durante tiempos de aislamiento es *buscar a Quien te espera*. Él quiere ser *buscado*. Él anhela una *relación*. "Clama a mí, y yo te responderé, y te enseñaré cosas grandes y ocultas que tú no conoces", (Jeremías 33:3).

Tú estás en Su mente. "Porque yo sé los pensamientos que tengo acerca de vosotros, dice Jehová, pensamientos de paz, y no de mal, para daros el fin que esperáis. Entonces me invocaréis, y vendréis y oraréis a mí, y yo os oiré; y me buscaréis y me hallaréis, porque me buscaréis de todo vuestro corazón", (Jeremías 29:11-13).

Lo encontrarás durante tiempos de aislamiento. "Y seré hallado por vosotros, dice Jehová, y haré volver vuestra cautividad, y os reuniré de todas las naciones y de todos los lugares adonde os arrojé, dice Jehová; y os haré volver al lugar de donde os hice llevar", (Jeremías 29:14).

Las estaciones de aislamiento pasan. Pero ellas son importantes en revelar las *limitaciones* de nuestros amados. Estas estaciones revelan la necesidad profunda que tenemos por Dios, y ellas encienden y nutren un continuo enfoque en Él por nuestra Asignación.

Las victorias *privadas* dan nacimiento a victorias *públicas*.

Las victorias *privadas* pueden guiar al honor *público*.

Esos tiempos edifican el *carácter*.

Esos tiempos dan nacimiento a la *revelación* del poder de Dios.

Esos Tiempos De Vulnerabilidad Crean Una *Obsesión Con Su Presencia*.

Recuerda: *Tu Asignación Puede Requerir Estaciones De Aislamiento*.

El Punto De Entrada
Favorito De Satanás
A Tu Vida Es Siempre
A Través De Alguien
Cercano A Tí.

-MIKE MURDOCK

≈ 16 ≈
HABRA PERSONAS QUE SERÁN ASIGNADAS POR EL INFIERNO PARA DISTRAER, RETRASAR, DESANIMAR Y DESCARRILAR TU ASIGNACIÓN

Tú No Irás Sin Impedimentos.

Recientemente, estaba sentado en la oficina de un pastor. Varios de los ministros estaban comentando su proyecto más reciente.

"Dr. Murdock, debe ser Dios. Todo está cayendo perfectamente en su lugar. No ha habido lucha ni conflicto sea lo que sea. Es por eso que sabemos que Dios está en esto".

Algunos campeones sienten de manera diferente. "Las mujeres recibieron sus muertos mediante resurrección; mas otros fueron atormentados, no aceptando el rescate, a fin de obtener mejor resurrección. Otros experimentaron vituperios y azotes, y a más de esto prisiones y cárceles. Fueron apedreados, aserrados, puestos a prueba, muertos a filo de espada; anduvieron de acá para allá cubiertos de pieles de ovejas y de cabras, pobres, angustiados, maltratados; (de los cuales el mundo no era digno:) errando por los desiertos, por los montes, por las cuevas y por las cavernas de la tierra", (Hebreos 11:35-38).

El Apóstol Pablo experimentó impedimentos. "...en

azotes sin número; en cárceles más; en peligros de muerte muchas veces. De los judíos cinco veces he recibido cuarenta azotes menos uno. Tres veces he sido azotado con varas; una vez apedreado; tres veces he padecido naufragio; una noche y un día he estado como náufrago en alta mar; en caminos muchas veces; en peligros de ríos, peligros de ladrones, peligros de los de mi nación, peligros de los gentiles, peligros en la ciudad, peligros en el desierto, peligros en el mar, peligros entre falsos hermanos; en trabajo y fatiga, en muchos desvelos, en hambre y sed, en muchos ayunos, en frío y en desnudez", (2 Corintios 11:23-27).

Jesús esperó adversidad. "Las zorras tienen guaridas, y las aves del cielo nidos; mas el Hijo del Hombre no tiene dónde recostar su cabeza", (Mateo 8:20).

"Entonces os entregarán a tribulación, y os matarán, y seréis aborrecidos de todas las gentes por causa de mi nombre", (Mateo 24:9).

"Acordaos de la palabra que yo os he dicho: El siervo no es mayor que su señor. Si a Mí me han perseguido, también a vosotros os perseguirán", (Juan 15:20).

Algunos enemigos son conocidos como enemigos de la Cruz. Ellos son globales, internacionales y bien conocidos. Su influencia es política y social. Ellos son frecuentemente artículados, brillantes y maestros de la sátira, del cinismo y sarcasmo. Sus palabras son burlonas, venenosas y contenciosas contra los ministros, cristianos, y aquellos que creen en la infalibilidad de la Escritura.

Ellos están dedicados a destruir la fe de la gente. Ellos son maestros del *disfraz.* Ellos parecen estar en búsqueda de la verdad, y quieren "exponer" la hipocresía de la religión. Sin embargo, ellos no restauran a los caídos, sanan a los heridos o liberan aquellos que andan en drogas y alcohol. *Ellos son armas en las manos de satanás.*

Su meta es la ruina de cualquier cosa que sea de Dios. Ellos están cargados y energizados por la influencia demoníaca y su propia naturaleza carnal la cual "la carne es contra el Espíritu", (Gálatas 5:17).

Ellos se enfurecen cuando los niños quieren orar en un salón de clases público. Ellos hacen sus esquemas, estrategias y plan de destrucción de cada televisión cristiana y estación de radio en América. Ellos se unen con todo lo que no viene de Dios, con lo que está en oposición a la pura Palabra de Dios.

Ellos influyen en congresistas. Ellos intimidan presidentes. Ellos apoyan el paradigma de la homosexualidad. Ellos apoyan la práctica diaria de asesinato de bebés en los Estados Unidos llamado aborto. Ellos trabajan día y noche para distraer a los ministros de su enfoque en la predicación del evangelio.

Estas son influencias globales que deben convertirse en el blanco de nuestra fe y nuestras oraciones.

No es sabio ignorarlos.
Es peligroso tomar represalias.
Es una locura cambiar tu enfoque.

7 Hechos Importantes Para Recordar Cuando Enfrentes Enemigos De La Cruz

1. Es Importante Estar Consciente, Alerta Y Articulado Respecto A Tu Posición De Derechos Y Fe Como Cristianos. "Sino santificad a Dios el Señor en vuestros corazones, y estad siempre preparados para presentar defensa con mansedumbre y reverencia ante todo el que os demande razón de la esperanza que hay en vosotros", (1 Pedro 3:15).

2. Es Importante Para Ser Fuerte,

Permanecer Sin Temor Y Rehusarte A Ser Intimidado. "Mas también si alguna cosa padecéis por causa de la justicia, bienaventurados sois. Por tanto, no os amedrentéis por temor de ellos, ni os conturbéis", (1 Pedro 3:14).

3. Es Importante Depender Completamente De La Capacidad De El Espíritu Santo Para Responder Poderosamente En Los Salones Del Gobierno. "Cuando os trajeren a las sinagogas, y ante los magistrados y las autoridades, no os preocupéis por cómo o qué habréis de responder, o qué habréis de decir; porque el Espíritu Santo os enseñará en la misma hora lo que debáis decir", (Lucas 12:11-12).

4. Es Importante Entrar En Acuerdo De Oración Con Otros Creyentes A Través Del Mundo. "De cierto os digo que todo lo que atéis en la tierra, será atado en el cielo; y todo lo que desatéis en la tierra, será desatado en el cielo. Otra vez os digo, que si dos de vosotros se pusieren de acuerdo en la tierra acerca de cualquiera cosa que pidieren, les será hecho por Mi Padre que está en los cielos. Porque donde están dos o tres congregados en Mi nombre, allí estoy Yo en medio de ellos", (Mateo 18:18-20).

5. Es Importante Tener Como Blanco A Los Reyes, Presidentes, Congresistas Y Líderes De Las Naciones Con Nuestra Fe En Dios. "Exhorto ante todo, a que se hagan rogativas, oraciones, peticiones y acciones de gracias, por todos los hombres; por los reyes y por todos los que están en eminencia, para que vivamos quieta y reposadamente en toda piedad y honestidad. Porque esto es bueno y agradable delante de Dios nuestro Salvador", (1 Timoteo 2:1-3).

6. Es Importante Recordar Que Dios Quiere Que Cada Uno De Estos Enemigos Se

Vuelvan Creyentes, Nacidos De Nuevo Y Sean Cambiados Por Su Poder. "El cual quiere que todos los hombres sean salvos y vengan al conocimiento de la verdad", (1 Timoteo 2:4). "El Señor no retarda Su promesa, según algunos la tienen por tardanza, sino que es paciente para con nosotros, no queriendo que ninguno perezca, sino que todos procedan al arrepentimiento", (2 Pedro 3:9).

    7. Es Importante Esperar Que Tu Fe Produza Cambios. Tu fe obra. Mi fe obra. Juntos, tú y yo podemos ver muchos milagros lanzados a través de la tierra. Sucedió en el libro de los Hechos.

    El *atormentador* de la iglesia primitiva se llamó Saúl. Él estuvo presente y consintió la muerte de Esteban mientras él estaba siendo apedreado. (Ver hechos 7:58-59; 8:1.)

    Saúl fue un destructor. "Y Saulo asolaba la iglesia, y entrando casa por casa, arrastraba a hombres y a mujeres, y los entregaba en la cárcel", (Hechos 8:3).

    Este atormentador trabajó en red con otros líderes políticos para destruir al Cuerpo de Cristo. "Saulo, respirando aún amenazas y muerte contra los discípulos del Señor, vino al sumo sacerdote, y le pidió cartas para las sinagogas de Damasco, a fin de que si hallase algunos hombres o mujeres de este Camino, los trajese presos a Jerusalén", (Hechos 9:1-2).

    Los atormentadores pueden ser detenidos, cambiados y también liberados. "Mas yendo por el camino, aconteció que al llegar cerca de Damasco, repentinamente le rodeó un resplandor de luz del cielo; y cayendo en tierra, oyó una voz que le decía: Saulo, Saulo, ¿por qué Me persigues? El dijo: ¿Quién eres, Señor? Y le dijo: Yo soy Jesús, a quien tú persigues; dura cosa te es dar coces contra el aguijón", (Hechos 9:3-5).

    Los atormentadores pueden ser cambiados

instantáneamente. "El, temblando y temeroso, dijo: Señor, ¿qué quieres que yo haga?" (Hechos 9:6).

Los atormentadores también tienen una Asignación, y puede ser abierta y descubierta. Y el Señor le dijo: "Levántate y entra en la ciudad, y se te dirá lo que debes hacer", (Hechos 9:6).

Solo toma un momento revertir la filosofía de un atormentador. "Entonces Saulo se levantó de tierra, y abriendo los ojos, no veía a nadie; así que, llevándole por la mano, le metieron en Damasco, donde estuvo tres días sin ver, y no comió ni bebió", (Hechos 9:8-9). Dios lo cegó. Él inmediatamente entró en un ayuno de tres días. Él se impactó, se sorprendió y cambió.

El atormentador de la iglesia se volvió el atormentador del infierno.

Este atormentador del mundo se convirtió en el mentor de la Iglesia.

Aquellos que parecen rebeldes, violentos y odiosos son líderes que no están en el lugar de su Asignación. Tú y yo podemos convertirnos en sus intercesores. Dios intervendrá. Él está buscando otro Ananías que vaya a orar por un Saúl. (Ver Hechos 9:10-20.)

Dios está buscando intercesores. Ellos harán la diferencia en esta generación y la próxima. "Y busqué entre ellos hombre que hiciese vallado y que se pusiese en la brecha delante de Mí, a favor de la tierra, para que Yo no la destruyese; y no lo hallé", (Ezequiel 22:30).

Los líderes tienen *seguidores.* Cuando los líderes despierten a la verdad, muchos seguidores descubrirán ese mismo Jesús. Yo te animo en esto: cuando tú estás viendo la televisión y observando líderes del mundo rebeldes, articulados y desafiantes, extiende tu mano hacia ellos y haz esta oración: "Padre Celestial, yo Te pido que pongas voces espirituales cerca de sus oidos. Convéncelos profundamente de pecado y rebelión en su corazón. Cambia sus vidas. Usa favor, desastre o enfermedad, cualquier arma necesaria para despertarlos a Tí. En el nombre de Jesús, permíteles que tengan la misma clase de experiencia que Saúl tuvo en el camino a Damasco. Guárdalos y haz que sean de gran influencia para Tí. En el nombre de Jesús. Amén".

Mi padre era un pastor cuando yo estaba creciendo. Él cambió pastorados frecuentemente en cada pueblo nuevo, pero yo aprendí algo muy rápidamente. Cuando otros muchachos se reunían, todo mundo seguía un líder en el grupo. Si él era un abusador, yo descubría pronto los beneficios de darle una paliza ese mismo día. Yo sabía que no podía pelear con toda la banda. Yo perdería. Pero siempre había un líder del ring. Si yo ganaba su respeto, el resto de los muchachos seguirían sin cuestionar. Por eso cuando yo entraba a una nueva escuela, yo solo tenía una gran dificultad—con el abusador. Un poco de sangre, un poco de dolor y entonces la escuela estaba bien.

He visto pasar esto en las familias. Cuando el *intercesor de la familia pone su fe en el patriarca de la familia,* o quienquiera que tenga la mayor influencia en ese hogar, el resto de la familia sigue eventualmente. Muy frecuentemente, nosotros usamos nuestros esfuerzos en fe para enfocarlos en aquellos que parecen estar cerca de tomar una decisión por Cristo. Sería dramático y poderoso ver que pasaría si todo el cuerpo de Cristo enfocaramos nuestra fe en los voceros de nuestra generación, aquellos que están determinados a destruir la fe de nuestros jóvenes.

Quizá tengas que confrontar otras voces cercanas a tí y tu casa. Algunas de esas voces rechazarán tus esfuerzos por compartir a Jesús con ellos. Ellos ridiculizarán y se reirán. Pablo entendió esto. Y los soltó al juicio de Dios. "Alejandro el calderero me ha causado muchos males; el Señor le pague conforme a sus hechos", (2 Timoteo 4:14).

Algunos que rechazan corrección repetidamente deben ser dejados solos a los juicios y penalidades de Dios. "Al hombre que cause divisiones, después de una y otra amonestación deséchalo, sabiendo que el tal se ha pervertido, y peca y está condenado por su propio juicio", (Tito 3:10-11).

Tú no puedes forzar a la gente a venir a Cristo. Jesús enseñó a los discípulos a calificar gente por asociación. Convivencia e intimidad. "Mas en cualquier ciudad o aldea donde entréis, informaos quién en ella sea digno, y posad allí hasta que salgáis. Y al entrar en la casa, saludadla. Y si la casa fuere digna, vuestra paz vendrá sobre ella; mas si no fuere digna, vuestra paz se volverá a vosotros. Y si alguno no os recibiere, ni oyere vuestras palabras, salid de aquella casa o ciudad, y sacudid el polvo de vuestros pies", (Mateo 10:11-14).

Permite que Dios juzgue y penalice a otros. "De cierto os digo que en el día del juicio, será más tolerable el castigo para la tierra de Sodoma y de Gomorra, que para aquella ciudad", (Mateo 10:15).

Algunas veces aquellos de tu propio hogar se vuelven los mayores enemigos de tu propia Asignación. "Y los enemigos del hombre serán los de su casa", (Mateo 10:36). José experimentó esto cuando sus propios hermanos lo vendieron como esclavo a una banda de ismaelitas que pasaba. Job experimentó esto a través de su propia esposa. En la más devastadora tragedia que él había conocido, ella se rehusó a animarlo. "Entonces le dijo su mujer: ¿Aún retienes tu integridad? Maldice a Dios, y muérete", (Job 2:9).

Job respondió a su esposa sinceramente. Él se rehusó a que ella lo influyera en alejarse de Dios. Él peleó por su enfoque. "Y él le dijo: Como suele hablar cualquiera de las mujeres fatuas, has hablado", (Job 2:10).

Algunas veces satanás usa a tus amigos más cercanos para hacer escrutinio de tus defectos sin misericordia y desmoralizarte. Job experimentó esto desde sus tres amigos que trataron de destruirlo emocionalmente. Ellos trataron de hacerle emocionalmente lo que satanás le había hecho a él financiera y físicamente. Ellos lo culparon por sus propias circunstancias.

Aquí Hay 6 Llaves Importantes Que Te Ayudarán Cuando Alguien Cerca De Tí Amenace Con Romper El Enfoque De Tu Asignación

1. **Recuerda Que La Asignación De Dios Para Tu Vida Es Permanente Y No Puede Ser Alterada Por Aquellos Que No Te Entienden.**

2. **Pasa Más Tiempo En El Lugar Secreto Escuchando Del Espíritu Santo Que Estando Sentado A Las Mesas De Otros, Escuchando Sus Insultos Y Opiniones.**

3. **Recuerda El Sueño Interior Que Dios Ha Prendido En Tu Espíritu.** José hizo esto, y él vio la imagen completa de Dios a través de sus tragedias.

4. **Busca Intercesores Que Sean Temerosos De Dios, Maduros Y Compasivos.** "Otra vez os digo, que si dos de vosotros se pusieren de acuerdo en la tierra acerca de cualquiera cosa que pidieren, les será hecho por Mi Padre que está en los cielos", (Mateo 18:19).

5. **Aléjate De La Gente Errónea.** Recuerda a Sansón, quien fue cegado porque él permitió que la persona errónea se acercara demasiado a él. Sólo se

requiere de una persona para destruir tu Asignación.

6. Absorber El Contínuo Fluir De Sabiduría A Los Pies De Tu Mentor-Dado-Por-Dios. *"El que anda con sabios, sabio será; Mas el que se junta con necios será quebrantado"*, (Proverbios 13:20).

Tú puedes perder en un día lo que te llevó veinte años construir. No lo arriesgues.

Lucha Cualquier Batalla Necesaria Para Mantener Tu Enfoque.

Recuerda: *La Gente Será Asignada Por El Infierno Para Distraer, Retrasar, Desanimar Y Descarrilar Tu Asignación.*

❧ 17 ❧
Tu Asignación Puede Costarte Todo

━━━━━━❧◦❧━━━━━━

Todo Lo Importante...Cuesta. SIEMPRE.

Tu salvación fue costosa. "Porque habéis sido comprados por precio; glorificad, pues, a Dios en vuestro cuerpo y en vuestro espíritu, los cuales son de Dios", (1 Corintios 6:20).

La Asignación de Jesús Le costó la aceptación social. "A lo Suyo vino, y los Suyos no le recibieron", (Juan 1:11).

La Asignación de Jesús Le costó todo. "Sabiendo que fuisteis rescatados de vuestra vana manera de vivir, la cual recibisteis de vuestros padres, no con cosas corruptibles, como oro o plata, sino con la sangre preciosa de Cristo, como de un cordero sin mancha y sin contaminación", (1 Pedro 1:18-19).

Jesús aún enseñó a Sus seguidores que sería costoso para ellos seguirlo. "Entonces Jesús dijo a sus discípulos: Si alguno quiere venir en pos de Mí, niéguese a sí mismo, y tome su cruz, y sígame. Porque todo el que quiera salvar su vida, la perderá; y todo el que pierda su vida por causa de Mí, la hallará. Porque ¿qué aprovechará al hombre, si ganare todo el mundo, y perdiere su alma? ¿O qué recompensa dará el hombre por su alma?", (Mateo 16:24-26).

La Asignación de Moisés le costó mucho. "Por la fe Moisés, hecho ya grande, rehusó llamarse hijo de la hija de Faraón, escogiendo antes ser maltratado con el pueblo de Dios, que gozar de los deleites temporales del pecado, teniendo por mayores riquezas el vituperio de Cristo que los tesoros de los egipcios; porque tenía puesta la mirada en el galardón. Por la fe dejó a Egipto, no temiendo la ira del rey; porque se sostuvo como viendo al Invisible", (Hebreos 11:24-27).

La Asignación de Abraham le costó la comodidad de sus parientes y su casa. "Pero Jehová había dicho a Abraham: Vete de tu tierra y de tu parentela, y de la casa de tu padre, a la tierra que te mostraré", (Génesis 12:1). "Por la fe Abraham, siendo llamado, obedeció para salir al lugar que había de recibir como herencia; y salió sin saber a dónde iba. Por la fe habitó como extranjero en la tierra prometida como en tierra ajena, morando en tiendas con Isaac y Jacob, coherederos de la misma promesa", (Hebreos 11:8-9).

Al Apóstol Pablo le costó su prestigio. "Circuncidado al octavo día, del linaje de Israel, de la tribu de Benjamín, hebreo de hebreos; en cuanto a la ley, fariseo; en cuanto a celo, perseguidor de la iglesia; en cuanto a la justicia que es en la ley, irreprensible. Pero cuantas cosas eran para mí ganancia, las he estimado como pérdida por amor de Cristo", (Filipenses 3:5-7).

Su Asignación le costó físicamente. "¿Son ministros de Cristo? (Como si estuviera loco hablo.) Yo más; en trabajos más abundante; en azotes sin número; en cárceles más; en peligros de muerte muchas veces. De los judíos cinco veces he recibido cuarenta azotes menos uno. Tres veces he sido azotado con varas; una vez apedreado; tres veces he padecido naufragio; una noche y un día he estado como náufrago en alta mar; en caminos muchas veces; en peligros de ríos, peligros de ladrones, peligros de los de mi nación, peligros de los gentiles, peligros en la ciudad, peligros en el desierto, peligros en el mar, peligros entre falsos hermanos; en trabajo y fatiga, en muchos desvelos, en hambre y sed, en muchos ayunos, en frío y en desnudez; y además de otras cosas, lo que sobre mí se agolpa cada día, la preocupación por todas las iglesias. ¿Quién enferma, y yo no enfermo? ¿A quién se le hace tropezar, y yo no me indigno? Si es necesario gloriarse, me gloriaré en lo que es de mi debilidad", (2 Corintios 11:23-30).

Todos los campeones descubren el alto costo de su Asignación.

La Asignación de José le costó años de esclavitud, falsa acusación y total aislamiento de su padre y su familia. Esther sabía que su Asignación podía haberle costado su vida misma si el rey no la hubiera aceptado. Daniel pago el alto costo de perdurar en el foso de los leones. *Los tres muchachos hebreos* siguieron su Asignación con total devoción, aún a través del horno de fuego.

La consagración de Job no fue celebrada por su esposa. "Entonces le dijo su mujer: ¿Aún retienes tu integridad? Maldice a Dios, y muérete", (Job 2:9).

Job rechazó el pecado. Él permaneció verdadero a Dios.

El día de pago estaba por venir.

Sí, tu Asignación puede costarte el más alto precio que puedas pagar por cualquier cosa en toda tu vida.

¿Por qué deberías pagar cualquier precio para creer tu Asignación? *Las recompensas. Ellas están garantizadas, alcanzables y para siempre.*

Jesús pagó el precio de producir un futuro. "Puestos los ojos en Jesús, el autor y consumador de la fe, el cual por el gozo puesto delante de Él sufrió la cruz, menospreciando el oprobio, y se sentó a la diestra del trono de Dios", (Hebreos 12:2).

Aquí Hay 15 Razones Porque Los Campeones Están Dispuestos A Pagar Cualquier Precio Para Terminar Su Asignación

1. **El Poder De Dios Se Vuelve Revelación En Nosotros.** "Pero tenemos este tesoro en vasos de barro, para que la excelencia del poder sea de Dios, y no de nosotros", (2 Corintios 4:7).

2. **La Vida De Jesús Se Hace Manifiesta En Nosotros Y En Otros.** "Llevando en el cuerpo siempre por todas partes la muerte de Jesús, para que también la vida de Jesús se manifieste en nuestros cuerpos. Porque nosotros que vivimos, siempre estamos entregados a muerte por causa de Jesús, para que también la vida de Jesús se manifieste en nuestra carne mortal", (2 Corintios 4:10-11).

3. **Tu Hombre Interior Es Renovado A Través De La Adversidad Diaria.** "Por tanto, no desmayamos; antes aunque este nuestro hombre exterior se va desgastando, el interior no obstante se renueva de día en día", (2 Corintios 4:16).

4. **Muchas Aflicciones Obran Una Recompensa Futura De Dios.** "Porque esta leve tribulación momentánea produce en nosotros un cada vez más excelente y eterno peso de gloria", (2 Corintios 4:17).

5. **La Adversidad Pasa Rápidamente, Pero Las Recompensas Son Para Siempre.** "Porque esta leve tribulación momentánea produce en nosotros un cada vez más excelente y eterno peso de gloria; no mirando nosotros las cosas que se ven, sino las que no se ven; pues las cosas que se ven son temporales, pero las que no se ven son eternas", (2 Corintios 4:17-18).

6. **Tú Debes Aparecer Ante El Trono De**

Juicio De Dios. "Por tanto procuramos también, o ausentes o presentes, serle agradables. Porque es necesario que todos nosotros comparezcamos ante el tribunal de Cristo, para que cada uno reciba según lo que haya hecho mientras estaba en el cuerpo, sea bueno o sea malo", (2 Corintios 5:9-10).

7. Moisés Esperó Una Recompensa; Nosotros También La Podemos Esperar. "Teniendo por mayores riquezas el vituperio de Cristo que los tesoros de los egipcios; porque tenía puesta la mirada en el galardón", (Hebreos 11:26).

8. Una Corona De Justicia Espera. "He peleado la buena batalla, he acabado la carrera, he guardado la fe. Por lo demás, me está guardada la corona de justicia, la cual me dará el Señor, juez justo, en aquel día; y no sólo a mí, sino también a todos los que aman Su venida", (2 Timoteo 4:7-8).

9. El Gobierno Sigue A La Adversidad. "Si sufrimos, también reinaremos con Él", (2 Timoteo 2:12).

10. Rehusarse A Pagar El Precio De Tu Asignación Te Aislará De Dios. "…si Le negáremos, Él también nos negará", (2 Timoteo 2:12).

11. Paga El Precio Porque Fuiste Elegido Para Hacerlo. "Tú, pues, sufre penalidades como buen soldado de Jesucristo. Ninguno que milita se enreda en los negocios de la vida, a fin de agradar a Aquel que lo tomó por soldado", (2 Timoteo 2:3-4).

12. Tu Gozo Está Garantizado Cuando Cumples Tu Asignación, Sin Importar El Costo. "Amados, no os sorprendáis del fuego de prueba que os ha sobrevenido, como si alguna cosa extraña os aconteciese, sino gozaos por cuanto sois participantes de los padecimientos de Cristo, para que también en la revelación de Su gloria os gocéis con gran alegría", (1 Pedro 4:12-13).

13. El Espíritu De Gloria Viene Y Descansa Sobre Tu Vida Cuando Pagas El Precio. "Si sois vituperados por el nombre de Cristo, sois bienaventurados, porque el glorioso Espíritu de Dios reposa sobre vosotros", (1 Pedro 4:14).

14. La Compensación Está En Todo Contrato Que Dios Hizo Contigo. Él simplemente no te debe. Él simplemente te ama. Él usa recompensas como un *incentivo para la obediencia.* "Y vendrán sobre ti todas estas bendiciones, y te alcanzarán, si oyeres la voz de Jehová tu Dios", (Deuteronomio 28:2).

15. Tus Pérdidas Son Temporales; Tu Restauración Es Permanente. "Y os restituiré los años que comió la oruga, el saltón, el revoltón y la langosta, Mi gran ejército que envié contra vosotros. Comeréis hasta saciaros, y alabaréis el nombre de Jehová vuestro Dios, el cual hizo maravillas con vosotros; y nunca jamás será Mi pueblo avergonzado", (Joel 2:25-26).

Llega el día de paga. Tú puedes contar con Dios. Mira nuevamente la vida de Job. Su esposa lo había maldecido. Sus hijos habían muerto. Sus posesiones fueron robadas. Su salud se había ido. Pero Dios no había terminado de bendecirlo. "Y quitó Jehová la aflicción de Job, cuando él hubo orado por sus amigos; y aumentó al doble todas las cosas que habían sido de Job. Y bendijo Jehová el postrer estado de Job más que el primero; porque tuvo catorce mil ovejas, seis mil camellos, mil yuntas de bueyes y mil asnas, y tuvo siete hijos y tres hijas. Y no había mujeres tan hermosas como las hijas de Job en toda la tierra", (Job 42:10, 12-13, 15).

Es verdad. Tu Asignación te puede costar todo. Te puede costar status social, finanzas, salud y las relaciones más cercanas que hayas edificado durante toda tu vida. Pero un día de recompensa está garantizado. *Siempre.*

Uno de los más grandes predicadores en la historia tuvo una relación con su esposa que le rompió el corazón. Ella despreció su trabajo para Dios. Ella se quedaba en la parte de atrás cuando él ministraba, gritándole diversos nombres. Pero él mantuvo su enfoque. Él se rehusó a responderle. Él solamente respondió a su Asignación y llamamiento. Hoy muchos de nosotros ni siquiera sabemos su nombre, mientras que su ministerio ha continuando bendiciendo a miles hasta estos días.

Rehúsate a renunciar. Usa la paciencia como un ariete en contra de la oposición, es decir, como esa máquina militar que se empleaba antiguamente para derribar murallas, en forma de cabeza de carnero. Mañana probarás las recompensas de cualquier precio que pagues hoy. "No perdáis, pues, vuestra confianza, que tiene grande galardón; porque os es necesaria la paciencia, para que habiendo hecho la voluntad de Dios, obtengáis la promesa. Porque aún un poquito, y el que ha de venir vendrá, y no tardará", (Hebreos 10:35-37).

Tu Día De Paga No Te Desilusionará.

Recuerda: *Tu Asignación Puede Costarte Todo.*

Cualquier Cosa Que
Hagas Para Tratar De
Complacer A Dios
No Quedará Sin
Recompensa.

-MIKE MURDOCK

❧ 18 ❧

Tu Asignación, A Veces, Puede Parecer Que Es En Vano

━━━━◆━━━━

Grandes Esfuerzos No Siempre Producen Resultados Inmediatos.

La Cosecha toma tiemppo. Cualquier granjero sabe esto. Él se levanta temprano en la mañana para sembrar su semilla. Viene la lluvia. El sol golpea. Hay horas de duro trabajo y días de espera. Entonces, las pequeñas plantas empiezan a brotar. Día tras día, ocurren los cambios. De repente, aparece toda su tierra llena con una cosecha abundante, La bendición viene después de días de trabajo duro, sudor, arduo trabajo, tiempo y dinero invertido—y después de una temporada de espera...espera...y más espera.

El Apóstol Pablo se sintió de esta manera. Él escribió, "Me temo de vosotros, que haya trabajado en vano con vosotros", (Gálatas 4:11). Él había derramado su vida. Él había hablado valientemente, elocuentemente y consistentemente. Aún así, él se sentía inútil a veces.

El esperar los cambios es prueba de tu fe.

Esa clase de fe es lo que mueve la mano de Dios hacia tu vida. Yo recuerdo cuando recién entendí que el manto de Sabiduría estaba sobre mi vida. No era mi posesión de Sabiduría, sino mi *búsqueda* de ella, eso reveló mi llamamiento. Yo tenía la *obsesión* de conocer el corazón y la mente de Dios respecto a algo. Lo compartí con un amigo predicador.

"¡Nadie quiere Sabiduría, Mike! Todo mundo quiere milagros" fue su respuesta sonriente.

Bien, lo he mirado pasar ante mis ojos. Nadie parecía desear Sabiduría. Todo mundo quería un toque de Dios para un milagroso cambio inmediato. Ellos se sientan por tres horas en un servicio anticipando un milagro, pero no invertirían $7.00 en un libro de Sabiduría. Muchos de nosotros queremos cambios sin los períodos de cambios.

Los *ministros* frecuentemente se sienten inútiles. Ellos pierden confianza en la gente. Miqueas, el profeta, frecuentemente sentía que su Asignación era en vano. Aquí está su evaluación de aquellos a quienes él fue asignado: "El mejor de ellos es como el espino; el más recto, como zarzal; el día de tu castigo viene, el que anunciaron tus atalayas; ahora será su confusión. No creáis en amigo, ni confiéis en príncipe; de la que duerme a tu lado cuídate, no abras tu boca", (Miqueas 7:4-5). ¿Te has sentido de esa manera alguna vez? Por supuesto que sí. Yo también.

El gran rey y músico, *David,* una vez sollozó, "¿Por qué te abates, oh alma mía, Y por qué te turbas dentro de mí?", (Salmos 42:11). Sí, el mismo valiente y fuerte muchacho que corrió hacia Goliat con una honda también conoció la experiencia de sentir como si su labor fuera fútil.

Jeremías consideró el administrar un motel en el desierto más que quedarse en el ministerio. "¡Oh, quién me diese en el desierto un albergue de caminantes, para que dejase a mi pueblo, y de ellos me apartase! Porque todos ellos son adúlteros, congregación de prevaricadores", (Jeremías 9:2).

Elías, quien pudo sobrepasar caballos y hacer

descender fuego en sacrificios sumergidos en agua, una vez tocó el total desánimo. Él rogó a Dios que lo matara. "Y él se fue por el desierto un día de camino, y vino y se sentó debajo de un enebro; y deseando morirse, dijo: Basta ya, oh Jehová, quítame la vida, pues no soy yo mejor que mis padres", (1 Reyes 19:4).

Jesús debe haber sentido a veces que Sus labores fueron en vano. Durante la explicación de las poderosas verdades a Sus discípulos, Pedro, Su propio discípulo, lo reprendió. Jesús se tuvo que voltear y decir, "Pero Él, volviéndose, dijo a Pedro: ¡Quítate de delante de Mí, Satanás!; Me eres tropiezo, porque no pones la mira en las cosas de Dios, sino en las de los hombres", (Mateo 16:23). Imagina el haber tenido uno de los compañeros de oración más cercanos en tu vida malentendiendo casi todo lo que tú dices. Jesús se debe haber sentido muy frustrado en varias ocasiones con Sus discípulos y otros. Un día Él simplemente clamó, "¡Oh generación incrédula y perversa! ¿Hasta cuándo He de estar con vosotros? ¿Hasta cuándo os He de soportar?", (Mateo 17:17).

Las estaciones cambian.

La gente cambia.

Tus propias *necesidades* y *deseos* cambiarán.

Permite que la paciencia haga su trabajo. "No perdáis, pues, vuestra confianza, que tiene grande galardón; porque os es necesaria la paciencia, para que habiendo hecho la voluntad de Dios, obtengáis la promesa", (Hebreos 10:35-36).

Nunca, Nunca, Nunca Te Des Por Vencido. Tu futuro siempre se quejará a los pies de la *Persistencia*.

Recuerda: *Tu Asignación, A Veces, Puede Parecer Que Es En Vano.*

Cuando Tú Le Pides A Dios Un Milagro, Él Te Dará Una Instrucción.

-MIKE MURDOCK

≈ 19 ≈
Tu Asignación Requerirá Milagros

━━━━━━▶▶-◉-◀◀━━━━━━

Tu Asignación Requerirá Las Intervenciones Sobrenaturales De Dios.

Jesús lo dijo: "...porque todas las cosas que oí de Mi Padre, os las he dado a conocer", (Juan 15:15). Tu Asignación requerirá milagros. Los milagros requieren de Dios. Y Dios requiere tu obediencia.

Cuando Josué y los israelitas se acercaron a Jericó, se requirió de un milagro para derribar los muros.

Cuando Gedeón y sus 300 hombres tomaron la enorme armada de los madianitas, la victoria requirió un milagro absoluto.

Cuando Namán se sumergió en el río Jordán para recibir sanidad de su lepra, se requirió de un milagro para que la sanidad se realizara.

Cuando el vino se acabó en las bodas de Caná, se requirió un milagro de Jesús para que el agua en las vasijas de agua se convirtieran en vino.

Cuando la viuda de Sarepta estaba comiendo su última comida, se requirió un milagro para que se multiplicara. La Cosecha de su Semilla la alimentó a ella, a Elías y a su hijo por el tiempo que duró la hambruna.

Cuando los ejércitos del faraón persiguieron a los israelitas, el que se ahogaran en el Mar Rojo requirió un milagro.

Dios nunca te da una Asignación que no requiere

de Su participación.

Así pues, tu Asignación siempre será lo *suficientemente grande* para requerir un *milagro*. Tú no podrás hacer tu Asignación solo. Tú no puedes terminar tu Asignación sin la contínua, obvia y necesaria *mano de Dios.*

Tú estás buscando un *milagro.*

Dios está buscando una *relación.*

Él hace los milagros *necesarios* para que tú estés motivado en *buscarlo* a Él y Su participación en tu vida.

Dios nunca se va a involucrar en un sueño que tu puedas lograr solo.

Cada acto de Dios está diseñado para aumentar tu dependencia de Él y tu adicción a Él y a Su presencia. "Y te afligió, y te hizo tener hambre, y te sustentó con maná, comida que no conocías tú, ni tus padres la habían conocido, para hacerte saber que no sólo de pan vivirá el hombre, mas de todo lo que sale de la boca de Jehová vivirá el hombre", (Deuteronomio 8:3).

Tu Padre se rehúsa a ser olvidado e ignorado. "Cuídate de no olvidarte de Jehová tu Dios, para cumplir Sus mandamientos, Sus decretos y Sus estatutos que yo te ordeno hoy", (Deuteronomio 8:11).

Tu Padre permite crisis para inspirar recuerdos. "Sino acuérdate de Jehová tu Dios, porque Él te da el poder para hacer las riquezas, a fin de confirmar Su pacto que juró a tus padres, como en este día", (Deuteronomio 8:18).

Jesús amó el realizar milagros. "Cómo Dios ungió con el Espíritu Santo y con poder a Jesús de Nazaret, y cómo éste anduvo haciendo bienes y sanando a todos los oprimidos por el diablo, porque Dios estaba con Él", (Hechos 10:38).

Cuando Él habló, cada palabra era una invitación a un milagro. Los inciertos están invitados a un milagro. Los pobres están invitados a un milagro. "Dad, y se os dará; medida buena, apretada, remecida y rebosando darán en vuestro regazo; porque con la misma medida con que medís, os volverán a medir", (Lucas 6:38).

Pedro descubrió esto cuando Jesús lo invitó a caminar en el agua. "Entonces le respondió Pedro, y dijo: Señor, si eres Tú, manda que yo vaya a Ti sobre las aguas. Y Él dijo: Ven. Y descendiendo Pedro de la barca, andaba sobre las aguas para ir a Jesús", (Mateo 14:28-29). *Los enfermos están invitados a un milagro.* El hombre que tuvo una enfermedad por 38 años fue invitado a un milagro. "Cuando Jesús lo vio acostado, y supo que llevaba ya mucho tiempo así, le dijo: ¿Quieres ser sano?", (Juan 5:6).

Aquí Están 12 Llaves Útiles Para Abrir El Fluir De Milagros En La Asignación De Tu Vida

1.   **Reconoce Que Cualquier Asignación De Dios Requerirá Los Milagros De Dios.** Tú solo, no tendrás éxito.

2.   **Espera Milagros En Tu Vida Diariamente.** "...porque es necesario que el que se acerca a Dios crea que le hay, y que es galardonador de los que le buscan", (Hebreos 11:6).

3.   **Recuerda, Los Milagros Requerirán Un Contínuo Fluir De Tu Fe.** "Pero sin fe es imposible agradar a Dios", (Hebreos 11:6).

4.   **Alimenta Tu Fe—Confianza En Dios.** Esto entra en tu corazón cuando escuchas la Palabra de Dios hablada. "Así que la fe es por el oír, y el oír, por la palabra de Dios", (Romanos 10:17).

5.   **Entiende Que La Lógica De Tu Mente Y**

La Fe De Tu Corazón Estarán En Conflicto. Ellos pelearán la guerra continuamente el uno contra el otro a lo largo de tu Asignación. "Porque el deseo de la carne es contra el Espíritu, y el del Espíritu es contra la carne; y éstos se oponen entre sí, para que no hagáis lo que quisiereis. Pero si sois guiados por el Espíritu, no estáis bajo la ley. Y manifiestas son las obras de la carne, que son: adulterio, fornicación, inmundicia, lascivia, idolatría, hechicerías, enemistades, pleitos, celos, iras, contiendas, disensiones, herejías, envidias, homicidios, borracheras, orgías, y cosas semejantes a estas; acerca de las cuales os amonesto, como ya os lo he dicho antes, que los que practican tales cosas no heredarán el reino de Dios. Mas el fruto del Espíritu es amor, gozo, paz, paciencia, benignidad, bondad, fe", (Gálatas 5:17-22).

    6.   Mientras La Lógica Produce Orden, La Fe Producirá Milagros. Dios nunca consultará tu lógica para determinar tu futuro. Él permite que tu fe determine los niveles de tu promoción y victorias.

    7.   La Lógica Es El Don Maravilloso Y Valioso Que Él Te Da Para Crear Orden En Tus Tratos Con La Gente.

    8.   La Fe Es El Don Maravilloso Y Valioso Que Él Te Da Para Crear Milagros...A Través Del Padre.

    9.   Tu Asignación Requerirá Relaciones Milagrosas Con Mentores, Aprendices, Amigos Y Conecciones. Por ejemplo, José nunca habría llegado al palacio sin la relación milagrosa con el carnicero, una conexión divina.

    10. Tu Asignación Puede Requerir Una Provisión Financiera Sobrenatural. Por ejemplo, Pedro experimentó el milagro de la moneda en la boca del pez para pagar impuestos. Los milagros financieros son normales en aquellas personas que obedecen a Dios.

11. Tu Asignación Requerirá El Milagro De La Sabiduría. Tus decisiones abrirán o cerrarán las puertas. Cada decisión que tomas incrementará o disminuirá.

12. Los Milagros Vienen Fácilmente Al Obediente. "Si quisiereis y oyereis, comeréis el bien de la tierra", (Isaías 1:19).

Cualquier movimiento hacia la auto-suficiencia es un movimiento alejado de Dios. Así que cultiva la gratitud contínua y el agradecimiento en tu corazón por la presencia del Espíritu Santo. Mira Su rostro. Busca Su aprobación. "Jehová haga resplandecer Su rostro sobre ti, y tenga de ti misericordia; Jehová alce sobre ti Su rostro, y ponga en ti paz", (Números 6:25-26). "Alza sobre nosotros, oh Jehová, la luz de Tu rostro", (Salmos 4:6). Su rostro puede ser de un ánimo muy fuerte cada momento de tu vida. "...*Espera en Dios; porque aún he de alabarle, Salvación mía y Dios mío*", (Salmos 42:5).

Recuerda: *Los Milagros Vienen Hacia Ti...O Se Alejan De Ti...Todos Los Días De Tu Vida.*

Tu Enfoque Determina Tus Sentimientos.

-MIKE MURDOCK

❧ 20 ❧

TU ASIGNACIÓN REQUERIRÁ TU ENFOQUE TOTAL

━━━━▶●◀━━━━

La Única Razón Por La Que Los Hombres Fallan, Es Un Enfoque Roto.
El enfoque es cualquier cosa que consume tu tiempo, energía, finanzas y atención.

Mientras he viajado alrededor del mundo por más de 40 años y he dado más de 16,000 conferencias, he escuchado los detalles de batallas personales y conflictos de mucha gente herida. El principal objetivo de satanás es romper el enfoque de tu Asignación. Cuando el hace esto, te ha dominado. Cuando el rompe tu enfoque de tu Asignación, el ha traido dolor al corazón de Dios, quien es su único y verdadero enemigo.

Jesús animó a Sus discípulos a mantener su enfoque en el reino de Dios. Él les aseguró que sus provisiones financieras y todo lo que ellos necesitaban sería producido a través de un enfoque absoluto en Él. "Mas buscad primeramente el reino de Dios y su justicia, y todas estas cosas os serán añadidas", (Mateo 6:33).

¿Qué tan importante es tu enfoque? Escucha las palabras de Dios respecto a quienes tentaron a Su gente para seguir a otro dios. "Si te incitare tu hermano, hijo de tu madre, o tu hijo, tu hija, tu mujer o tu amigo íntimo, diciendo en secreto: Vamos y sirvamos a dioses ajenos, que ni tú ni tus padres conocisteis, de los dioses de los pueblos que están en vuestros alrededores, cerca

de ti o lejos de ti, desde un extremo de la tierra hasta el otro extremo de ella; no consentirás con él, ni le prestarás oído; ni tu ojo le compadecerá, ni le tendrás misericordia, ni lo encubrirás, sino que lo matarás; tu mano se alzará primero sobre él para matarle, y después la mano de todo el pueblo. Le apedrearás hasta que muera, por cuanto procuró apartarte de Jehová tu Dios, que te sacó de tierra de Egipto, de casa de servidumbre", (Deuteronomio 13:6-10).

Jesús señaló el enfoque roto en el Nuevo Testamento. "Por tanto, si tu ojo derecho te es ocasión de caer, sácalo, y échalo de ti; pues mejor te es que se pierda uno de tus miembros, y no que todo tu cuerpo sea echado al infierno. Y si tu mano derecha te es ocasión de caer, córtala, y échala de ti; pues mejor te es que se pierda uno de tus miembros, y no que todo tu cuerpo sea echado al infierno", (Mateo 5:29-30).

¿Cómo destruyes el objetivo de alguien? Dale otro. ¿Cómo destruyes un sueño en alguien? Dale otro sueño. Esto *fragmenta el enfoque*. Esto *diluye su energía*.

Aquí Hay 12 Principios Sobre El Enfoque Que Pueden Hacer Una Diferencia Real En Tu Vida

1. El Enfoque Determina El Dominio. *Cualquier cosa que tiene la habilidad de mantener tu atención te ha dominado.* Cualquier progreso significativo hacia la terminación de tu Asignación requerirá de todo tu pensamiento, de cada centavo, de cada hora de tu vida.

2. Tu Enfoque Determina Tu Energía. Piensa por un momento, Digamos que estás medio dormido, te recuestas sobre tus almohadas. La televisión está prendida. De repente, suena el teléfono.

Alguien en tu familia recién tuvo una crisis. A ellos los están llevando de prisa al hospital. ¿Te vuelves a dormir fácilmente? Por supuesto que no. Tu enfoque ha cambiado. De pronto, has brincado y estás de pie. Te vistes, te metes de un brinco a tu automóvil y te diriges al hospital. *El enfoque* detrmina tu *energía*.

3. Lo Que Miras Por Más Tiempo Se Convierte En Lo Más Fuerte De Tu Vida. El Apóstol Pablo se enfocó en su futuro. "Hermanos, yo mismo no pretendo haberlo ya alcanzado; pero una cosa hago: olvidando ciertamente lo que queda atrás, y extendiéndome a lo que está delante, prosigo a la meta, al premio del supremo llamamiento de Dios en Cristo Jesús", (Filipenses 3:13-14).

4. El Enfoque Roto Crea Inseguridad E Inestabilidad En Todos Los Que Te Rodean. "El hombre de doble ánimo es inconstante en todos sus caminos", (Santiago 1:8).

5. Solamente La Fe Enfocada Puede Producir Milagros De La Mano De Dios. "Pero pida con fe, no dudando nada; porque el que duda es semejante a la onda del mar, que es arrastrada por el viento y echada de una parte a otra. No piense, pues, quien tal haga, que recibirá cosa alguna del Señor", (Santiago 1:6-7).

6. La Vista Afecta El Deseo. Lo que tú miras continuamente, eso persegiras eventualmente. "Mis ojos contristaron mi alma", (Lamentaciones 3:51). Josué, el líder notable de los israelitas, escribió esta instrucción de Dios. "Solamente esfuérzate y sé muy valiente, para cuidar de hacer conforme a toda la ley que Mi siervo Moisés te mandó; no te apartes de ella ni a diestra ni a siniestra, para que seas prosperado en todas las cosas que emprendas. Nunca se apartará de tu boca este libro de la ley, sino que de día y de noche meditarás en él, para que guardes y hagas conforme a todo lo que en él está escrito; porque entonces harás prosperar tu camino, y todo te saldrá bien", (Josué 1:7-8).

7. El Enfocarte Diariamente En La Palabra De Dios Es Necesario Para Terminar Tu Asignación Adecuadamente. Dios instruyó al pueblo de israel que enseñara, entrenara y fueran mentores de sus hijos respecto a Su Palabra. Escucha esta increíble instrucción: "Por tanto, pondréis estas Mis palabras en vuestro corazón y en vuestra alma, y las ataréis como señal en vuestra mano, y serán por frontales entre vuestros ojos. Y las enseñaréis a vuestros hijos, hablando de ellas cuando te sientes en tu casa, cuando andes por el camino, cuando te acuestes, y cuando te levantes, y las escribirás en los postes de tu casa, y en tus puertas", (Deuteronomio 11:18-20).

8. El Enfocarte, Escuchar Y Hablar La Palabra De Dios Contínuamente Te Hace Invencible. "Nadie se sostendrá delante de vosotros; miedo y temor de vosotros pondrá Jehová vuestro Dios sobre toda la tierra que pisareis, como él os ha dicho", (Deuteronomio 11:25). Esta es una de las razones por las que mantengo tocando la Palabra de Dios en cada cuarto de mi casa. Lo primero que hago diariamente es encender mi reproductor de CD's y escucho la lectura de las Escrituras. Esto lava mi mente, purga mi corazón y sujeta mi enfoque.

9. El Enfoque Tiene Recompensa. "Para que sean vuestros días, y los días de vuestros hijos, tan numerosos sobre la tierra que Jehová juró a vuestros padres que les había de dar, como los días de los cielos sobre la tierra. Porque si guardareis cuidadosamente todos estos mandamientos que Yo os prescribo para que los cumpláis, y si amareis a Jehová vuestro Dios, andando en todos Sus caminos, y siguiéndole a Él,

Jehová también echará de delante de vosotros a todas estas naciones, y desposeeréis naciones grandes y más poderosas que vosotros. Todo lugar que pisare la planta de vuestro pie será vuestro; desde el desierto hasta el Líbano, desde el río Eufrates hasta el mar occidental será vuestro territorio", (Deuteronomio 11:21-24).

10. **Lo Que Continuas Viendo Determina Tu Enfoque.** "No pondré delante de mis ojos cosa injusta. Aborrezco la obra de los que se desvían; Ninguno de ellos se acercará a mí", (Salmos 101:3).

11. **Tu Enemigo Es Cualquiera Que Rompe Tu Enfoque De Una Asignación Dada-Por-Dios.**

12. **Tu Amigo Es Cualquiera Que Te Ayuda A Mantener Tu Enfoque En Las Instrucciones De Dios Para Tu Vida.**

Aquí Están 6 Llaves Para Proteger Tu Enfoque

1. **Reconoce Que El Enfoque Roto Destruye Tus Sueños.** Esto crea un desfile de tragedias y desastres sin final en tu vida.

2. **Toma Tu Responsabilidad Personal.** Se el guarda de tu puerta de tus ojos, tus oídos y tu corazón. Nadie más puede protegerte. Tú debes estar protegido por Dios, *en la medida que te rindes a Él.*

3. **Controla La Música Y Las Enseñanzas Que Entran A Tus Oídos.** Lo Que Escuchas Determina Lo Que Sientes. "Para que todo Israel oiga, y tema, y no vuelva a hacer en medio de ti cosa semejante a esta", (Deuteronomio 13:11). Lo Que Escuchas Determina Lo Que *Temes.*

4. **Mantén Contínua Alabanza En Tus Labios Y A Través De Tu Casa.** Yo mantengo música sonando 24 horas al día en mi propiedad y en mi casa.

Cada cuarto en mi casa tiene sonido y cada minuto hay música y canciones para El Espíritu Santo. Tengo 24 bocinas en los árboles en mi jardín de 7 hectáreas. Yo estoy determinado a *proteger mi enfoque.*

5.   Deja De Alimentar Amistades Erróneas. Las amistades erróneas no alimentan, ni llenan, ni fertilizan tu enfoque total sobre tu Asignación. Deja que esas amistades mueran. Sansón no tenía que salir con todo mundo para cortarse el cabello. *Él solamente requirió una persona errónea para destruir su futuro.*

6.   Busca Y Permite Solamente Relaciones Que Aumenten Tu Enfoque En Tu Asignación. Era ya tarde una noche en el sur de Florida. El servicio había terminado. Varios predicadores querían ir a un restaurant. Al tiempo que estaba sentado, escuché la conversación. (Yo tengo dos intereses mayores en mi vida: aprender y enseñar. ¡Ambos deben darse contínuamente para que me sienta muy bien!) Escuché a todo mundo hablar de juegos de pelota, política y tragedias.

Continué escuchando, buscando Llaves de Sabiduría dignas de ser impartidas; busqué preguntas importantes que pudieran ser hechas. Nada de esto sucedió. Varias veces traté de cambiar el rumbo de la conversación, pero parecía ser ignorado. Estaba muy cansado como para dominar y estar a cargo, demasiado desgastado para forzar el curso de la conversación en una dirección apropiada.

El Espíritu Santo *no* era el enfoque.

Asi que, calladamente me quedé y dije—"Debo irme. Dios les bendiga a cada uno de ustedes". Me fui. Yo quisiera haber tenido esa clase de valor cada año de toda mi vida, ¡todos los *días* de toda mi vida!

Recuerda: *El Enfoque Es La Llave Maestra Para La Puerta De Oro Del Éxito.*

∾ 21 ∾
TÚ SOLAMENTE DEBES EMPRENDER UNA ASIGNACIÓN DADA-POR-DIOS Y APROBADA-POR-DIOS

━━━━━◗▸•◗•◄━━━━━

Dios Nunca Sostendrá Lo Que Él No Ha Gestado. Las ideas son opciones. *Las órdenes* de Dios *no* lo son. Tu imaginación puede producir mil ideas, opciones y alternativas. Cuando Dios habla, Sus instrucciones no deben ser alteradas, ignoradas o refutadas.

Frecuentemente oirás a alguien hablar acerca de una "idea-de-Dios". Obviamente, esto trata de comunicar el pensamiento de que Dios inspiró un invento o un método para hacer algo. Está basado en Proverbios 8:12, "Yo, la sabiduría, habito con la cordura, Y hallo la ciencia de los consejos". Si, Dios inspira muchas mejoras maravillosas y correcciones en nuestras vidas. En realidad, un pensamiento o idea no es necesariamente una orden.

Sin embargo, si estudias la Biblia cuidadosamente, no hay registro en la Escritura en donde Dios le haya dado una idea a alguien. Él da instrucciones. Él da *órdenes*.

Hubo ocasiones donde alguien pecó, y Dios les permitió elegir el tipo de juicio que ellos podían experimentar. Sucedió en la vida de David, después de su pecado. Cuando él numeró a Israel, eso fue desagradable delante de Dios. "Entonces dijo David a

Dios: He pecado gravemente al hacer esto; te ruego que quites la iniquidad de tu siervo, porque he hecho muy locamente", (1 Crónicas 21:8).

Cuando Dios habló al profeta Gad, Él le dijo a Gad. "Ve y habla a David, y dile: Así ha dicho Jehová: Tres cosas te propongo; escoge de ellas una que yo haga contigo", (1 Crónicas 21:10). David respondió, "...Ruego que yo caiga en la mano de Jehová, porque Sus misericordias son muchas en extremo; pero que no caiga en manos de hombres", (1 Crónicas 21:13).

Es muy importante que no trates de lograr un sueño o un objetivo que Dios no te haya instruido que persigas. Las metas equivocadas se convertirán en sustitutos de las metas correctas. Los sueños equivocados se convertirán en sustitutos de los sueños correctos. Y cuando tú persigues algo que Dios no trató que tuvieras, Él no está obligado a sostenerte emocionalmente, físicamente o financieramente.

Cualquier cosa que persigas, caerá sola.

Después de que David había conquistado a sus enemigos, él estaba sentado en su casa. Él le indicó a Natán, el profeta, que quería construir una casa especial para Dios. El profeta inmediatamente respondió—"Anda, y haz todo lo que está en tu corazón, porque Jehová está contigo", (2 Samuel 7:3). (Aún los profetas pueden equivocarse cuando fallan en consultar a Dios.)

Esa tarde Dios le dijo a Natán que trajera una palabra especial a David. David *no* iba a construir la casa del Señor. Más bien, en su lugar Dios había establecido que la cimiente de David así lo hiciera. "Yo levantaré después de ti a uno de tu linaje, el cual procederá de tus entrañas, y afirmaré su reino. El edificará casa a Mi nombre", (2 Samuel 7:12-13).

Salomón era el hijo que construiría el templo.

"Entonces Salomón envió a decir a Hiram: Tú sabes que mi padre David no pudo edificar casa al nombre de Jehová su Dios, por las guerras que le rodearon, hasta que Jehová puso sus enemigos bajo las plantas de sus pies. Ahora Jehová mi Dios me ha dado paz por todas partes; pues ni hay adversarios, ni mal que temer. Yo, por tanto, he determinado ahora edificar casa al nombre de Jehová mi Dios, según lo que Jehová habló a David mi padre, diciendo: Tu hijo, a quien Yo pondré en lugar tuyo en tu trono, él edificará casa a Mi nombre", (1 Reyes 5:2-5). *Los mentores frecuentemente ven el futuro de sus aprendices con años de anticipación.*

Una idea no es una orden de Dios. Tú tendrás muchas ideas maravillosas e inspiradas a través de toda tu vida. Cuando Dios está involucrado, no será simplemente una idea. Será una instrucción y una orden.

He perseguido varios proyectos a través de mi vida en los que Dios no había puesto Su mano. Estos proyectos me dejaron exhausto emocionalmente, físicamente, espiritualmente y financieramente. Al mirar hacia atrás en las páginas de mis logros, quisiera haber esperado una orden *directa del Espíritu Santo en cada proyecto.*

¿Por qué perseguimos proyectos erróneos? Por varias razones. Hablé recientemente con un ministro que había invertido millones de dólares en un hotel. Su congregación y socios lo habían urgido a que así lo hiciera para poder estar cerca de su ministerio y servicios. Dios no le instruyó que lo hiciera. *Las necesidades de la gente lo motivaron en vez de la voz del Espíritu Santo.*

Es fácil ser motivado y entusiasmado por las necesidades de aquellos cercanos a ti en vez de ser motivado por la voz de Dios. Cuando es así, traes desastres y dolores de cabeza a tu vida. *Así que, las necesidades de los demás no son necesariamente órdenes de Dios.*

A veces nuestro propio aburrimiento con la misma rutina nos inspira a *tratar algo diferente.* Uno de los más grandes evangelistas en nuestra generación me dijo una vez—"Mike, el mayor error de mi vida fue cuando me cansé de hacer lo mismo una y otra y otra vez. Yo decidí que quería ver algún cambio. Fue el error más grande de mi ministerio. Perdí cientos de miles de socios y apoyo. Simplemente perdí a Dios".

Uno de mis grandes mentores me dijo una vez— "Cuando tú te enfermas y te cansas de decir algo, estás justo *empezando* a entenderlo tú mismo. Cuando tu equipo de colaboradores se cansa y se enferma de escucharte decir algo, ellos apenas están *empezando* a entenderlo. Cuando tu gente se cansa y se enferma de escucharte enseñar algo, ellos *están apenas empezando a entenderlo".*

Lucha en contra del aburrimiento regresando a Su presencia por inspiración fresca e instrucciones nuevas. *No permitas que tu imaginación se vuelva tu guía al planificar tu Asignación.*

Recientemente, fui escoltado a través de una nueva sección multimillonaria de una iglesia. Hablé con el pastor—"¡Esto es maravilloso!" Yo sabía que había enseñado por varios años que no estaba bien pedir dinero prestado. Él pagó en efectivo cada paso del camino. Así que continué mi expresión de admiración.

"Solamente piensa. Tú tendrás todo esto pagado paso por paso en efectivo".

Él miró un poco avergonzado. "Bueno, he estado tan emocionado por este proyecto que decidí pedir un préstamo de dinero. Yo nunca había creído en hacerlo así, pero realmente quería que este proyecto se realizara. Y el banco estaba más que dispuesto a hacernos el préstamo".

Yo no podía creer lo que estaba oyendo. Él había pensado y escrito en libros que estaba mal pedir dinero prestado. Pero ahora él lo estaba haciendo. Él había pedido prestado más de un millón de dólares al banco en directa contradicción a toda su enseñanza. Así que le pregunté—"¿El Espíritu Santo te ordenó que lo construyeras *ahora mismo?"*

Él me miró como si lo hubiera abofeteado en la cara. "Bueno, no, no puedo decir que Dios me ordenó hacer esto. Pero nuestra iglesia quería tener un gimnasio y una nueva cafetería y todas estas instalaciones. Nosotros las necesitamos. Debe ser Dios o el banco no nos habría prestado el dinero".

Bien, los bancos *prestan dinero. Ese es su trabajo.* Ellos ganan dinero al hacerlo. ¿Por qué deberíamos de considerar que el préstamo de un banco es un milagro? Es una lógica absurda. De hecho, no es lógica en absoluto. *Trata solamente aquellas cosas que son ordenadas por El Espíritu Santo para tu vida.*

La Provisión Está Garantizada Solamente En El Lugar De La Obediencia.

Cuando he invertido tiempo en El Lugar Secreto para recibir información y reafirmación respecto a la voluntad de Dios, la paz interior me ha sustentado en crisis y en los lugares difíciles que ocurren; sabiendo que "Si Dios es por nosotros, ¿quién contra nosotros?", (Romanos 8:31).

Cualquier Asignación que vale la pena crea enemigos. Es vital que tú sepas más allá de cualquier duda que Dios será un enemigo de tus enemigos, un amigo de tus amigos y caminará contigo a través de la terminación de cualquier instrucción.

Otra razón por la que tratamos de hacer proyectos

que Dios no nos ha inspirado es por el *arte de las ventas*. Alguien que es articulado y persuasivo nos convence de que algo es "la oportunidad de toda la vida. Deberías hacerlo ahora, o se irá tu última oportunidad para siempre". *Nada es más abundante que las oportunidades*. El universo está saturado con millones de oportunidades.

Nunca carecerás de una oportunidad. Es tu habilidad para enfocarte y dar tu mejor esfuerzo a cualquier oportunidad lo que hará la diferencia.

¿Cuánta influencia ha tenido Dios en tus decisiones pasadas? ¿Cuánto tiempo privado has invertido en el Lugar Secreto respecto a un proyecto?

Cuando permanezco en El Lugar Secreto (mi cuarto de oración privado dedicado al Espíritu Santo) mis conclusiones siempre son diferentes a las de los consejeros. *Dios ve más allá que cualquiera*. Él es pronto para comunicar Sus respuestas cuando estas son buscadas. "Si Jehová no edificare la casa, En vano trabajan los que la edifican", (Salmos 127:1). Yo lo creo. Continúa oyendo la voz del Espíritu Santo. Él hablará cuando Su opinión sea *respetada, atesorada y perseguida*.

"Estoy saliendo del campo evangelístico y dando nacimiento a una nueva iglesia", dijo un joven ministro hace varios meses.

"Así que, ¿Dios te ordenó que te volvieras pastor?" Le pregunté.

"No, realmente no, pero mi esposa está cansada que yo viaje. Tengo dos niños que necesito educar. Esto es lo único que puedo hacer ahora mismo".

"¿Vas a dar nacimiento a una iglesia sin *el mandamiento e instrucción de El Espíritu Santo?*" Le pregunté incrédulamente.

Él dejó caer su cabeza. Fijó la mirada al frente por

unos momentos. Él no pudo responder. Nos hemos acostumbrado tanto a crear y diseñar nuestros propios proyectos para nuestras vidas que El Espíritu Santo está siendo consultado estos días solamente en situaciones de crisis. Es muy posible que la crisis no tuviera que llegar en absoluto, si se Le consultara antes.

Nadie Más Es Responsable Por Tu Asignación Sino Tú.

Recuerda: *Tú Solamente Debes Emprender Una Asignación Dada-Por-Dios Y Aprobada-Por-Dios.*

Tú Sólo Triunfarás Cuando
Tu Asignación Se
Convierta En Una Obsesión.

-*MIKE MURDOCK*

22

Tú Sólo Triunfarás Cuando Tu Asignación Se Convierta En Una Obsesión

El Enfoque Es Magnético.

Cuando tú das tu atención, tu tiempo y todo tu esfuerzo por lograr tu Asignación, experimentarás corrientes extraordinarias de favor y de milagros. *Lo que tenga la habilidad de mantener tu atención te ha dominado.*

Jesús mismo reprendió a quienes intentaron romper Su enfoque y obsesión por cumplir la voluntad del Padre. "Pero Él, volviéndose y mirando a los discípulos, reprendió a Pedro, diciendo: ¡Quítate de delante de mí, Satanás! porque no pones la mira en las cosas de Dios, sino en las de los hombres", (Marcos 8:33).

El Apóstol Pablo estaba obsesionado con su Asignación. Esto explica su éxito notable ante los enemigos, adversarios y aún amigos que lo malentendieron. Esto explica su carta a los Filipenses "Hermanos, Yo mismo no pretendo haberlo ya alcanzado; pero una cosa hago: olvidando ciertamente lo que queda atrás, y extendiéndome a lo que está delante, prosigo a la meta, al premio del supremo llamamiento de Dios en Cristo Jesús", (Filipenses 3:13-14).

Él se *alejó* de heridas del pasado, fracasos y recuerdos. Obviamente, él tenía una *fotografía* de aquellas cosas delante de él.

El Apóstol Pablo Entendió Las 5 Llaves Para Desarrollar Una Obsesión Por Tu Asignación

1.   **Rechaza Cualquier Peso O Distracción Contra Tu Asignación.** "...despojémonos de todo peso y del pecado que nos asedia, y corramos con paciencia la carrera que tenemos por delante", (Hebreos 12:1).

2.   **Se Implacable En Cortar Toda Atadura A Un Proyecto O Persona No Conectada A La Asignación De Dios.** Él instruyó a Timoteo, "Ninguno que milita se enreda en los negocios de la vida, a fin de agradar a aquel que lo tomó por soldado", (2 Timoteo 2:4).

3.   **Estudia Tu Asignación Constantemente.** Él urgió a Timoteo, "Procura con diligencia presentarte a Dios aprobado, como obrero que no tiene de qué avergonzarse, que usa bien la palabra de verdad", (2 Timoteo 2:15).

4.   **Escapa De Conversaciones Que No Estén Relacionadas Con Tu Asignación.** "Mas evita profanas y vanas palabrerías, porque conducirán más y más a la impiedad...Pero desecha las cuestiones necias e insensatas, sabiendo que engendran contiendas", (2 Timoteo 2:16, 23).

5.   **Aprende A Desconectarte De Cualquier Relación Que No Alimente Tu Adicción A Su Presencia Y Obsesión Por Completar La Asignación De Dios En Tu Vida.** "Si alguno no obedece a lo que decimos por medio de esta carta, a ése señaladlo, y no os juntéis con él, para que se avergüence", (2 Tesalonicenses 3:14).

Satanás *teme* la *conclusión* de tu Asignación. Cada

acto de obediencia puede destruir miles de planes y deseos satánicos.

Debo compartir una experiencia con ustedes. Tú lo agradecerás porque estoy seguro de que se sucederá en tu futuro (si no ha sucedido todavía). Mi secretaria me dio el número de teléfono de un amigo que yo había conocido hacía 25 años. Él no me había escrito por 25 años. Él no había sembrado una Semilla en mi ministerio por 25 años. De repente, él llamó varias veces. Él vino a mi estudio Bíblico semanal. Él sembró una Semilla generosa en mi ministerio. Él quería que cenaramos.

"Mike, yo estoy ganando más de $20,000 al mes. Es la compañía más maravillosa con la que yo había estado involucrado jamás. Yo quiero que seas parte de esto conmigo".

"Bien", yo contesté lentamente, "yo estoy muy consumido con mi ministerio. Realmente no tengo tiempo de desarrollar un segundo ingreso en este punto de mi vida. Pero, yo lo aprecio".

Él estaba sorprendido. "Pero yo sé que necesitarás una base financiera fuerte cuando te retires en el futuro. Es fácil. Tú conoces miles de personas. No tienes que hacer nada sino pedirme venir y presentar este plan de mercadotecnia de multi-nivel para tu gente. Ellos vendrán porque te conocen personalmente. Y, este producto es el mejor en el mercado. La gente siempre necesitará este producto. Tu gente lo necesita".

Bien, yo estaba impresionado con su ingreso de $20,000 por mes, pero yo tenía que ser muy directo con él. "Me gusta tu producto. Creo que cada persona debería tener uno. Voy a comprarte uno. Les comentaré de ti a mis amigos, pero no puedo involucrarme en venderles, porque este producto no puede consumir mi atención, esfuerzos y tiempo. Sería imposible para mi desarrollar una obsesión con este producto. Lo ves, yo sé que yo puedo tener éxito solamente con algo que me consuma y me abrace. Además de eso, yo no he tenido instrucción del Señor de perseguir un negocio con este producto".

Mis instrucciones ya habían llegado. Mi paz interior era evidencia de que estaba en el centro de mi Asignación. Sin embargo, siempre habrá otros que tendrán ideas maravillosas y te ofrecerán opciones más allá de tu Asignación. Las horas que pases con ellos es una pérdida de su tiempo y del tuyo. Nunca más volví a oir de este hombre.

Te das cuenta, sea lo que sea, él no tenía interés en mi Asignación. Él estaba interesado solamente en que yo me involucrara con su sueño. Yo era meramente un vehículo para generar utilidades financieras en su vida.

Mi secretaria me dio otro mensaje telefónico recientemente. Era de un querido amigo mío que es bien conocido en los círculos del ministerio. Él había edificado una obra incréble para Dios, pero debido a extrema adversidad, había experimentado algunas pérdidas tremendas en su vida personal y en su ministerio. Le regresé la llamada telefónica.

"Mike, nos tenemos que reunir pronto".

"¡Maravilloso! ¿Cuándo quieres que nos reunamos?"

"¿Nos podríamos reunir esta noche?" fue su respuesta.

No me podía imaginar porqué este hombre quería reunirse conmigo con tal urgencia. Él no me había llamado dos veces en los últimos ocho años. De repente, era cosa de vida o muerte. Nos reunimos y habló. Él estaba involucrado en un programa de mercadotecnia de multi-nivel. Él tendría éxito y yo lo sabía. También me di cuenta que cualquier persona que entrara en negocios con él iba a tener un éxito significativo. Él es un amigo notable, brillante y disfrutable. Pero él tenía un enfoque diferente. Él erea muy directo. "Yo creo realmente que podrías tener un éxito significativo en este negocio. Pero, ¿sientes que esto te podría distraer del llamamiento de Dios para el ministerio?"

"Oh, yo continuaré con mi ministerio, pero esto ayudará a la gente financieramente en todos lados".

"Yo oraré acerca de eso, por supuesto. Pero lo que se ha vuelto mi obsesión es El Espíritu Santo y pasar tiempo en El Lugar Secreto. He conocido más paz y gozo desde los días en que he edificado mi vida alrededor de Su presencia que lo que he conocido jamás en toda mi vida. La libertad financiera es maravillosa, pero hacer la voluntad de Dios y estar en el centro de mi Asignación se ha vuelto mi obsesión"—Le respondí cuidadosamente.

No he vuelto a saber más de él.

Cuando insistes en edificar tu vida alrededor de tu Asignación, las relaciones equivocadas mueren. Las relaciones correctas nacerán. Lo he dicho miles de veces: la mejor manera de desconectarte de la gente equivocada es volverte obsesivo por hacer lo correcto.

Cuando tu obsesión es hacer lo que es correcto, la gente errónea te considerará insoportable.

Es permisible que otros compartan sus sueños. Pero es una desilusión descubrir que ellos no quieren tener nada que ver contigo o tu Asignación. Es una recompensa el saber que el Padre te recompensará cien tantos más por tu obsesión para cumplir Su plan. (Ver Marcos 10:28-30.) *Lucha por tu enfoque*. Pelea duro. Construye muros que fortalezcan tu concentración. Ignora a quienes se mofan, la risa y la crítica de que estás "obsesionado".

Aquellos Que Están Obsesionados Con Su Asignación Gobiernan Este Planeta Llamado Tierra.

Recuerda: *Tú Sólo Triunfarás Cuando Tu Asignación Se Convierta En Una Obsesión.*

❧ **23** ❧
TU ASIGNACIÓN REQUIERE PLANIFICACIÓN

━━━━●━●━❮━━━

La Planificación Es Por Lo General Abrumadora. No me gusta planificar. ¡Parece que se roba la espontaneidad de mi vida! Yo soy completamente creativo. Mis amigos saben que me gusta moverme de repente, Ahora, yo pienso las cosas antes de hacerlas. Pero me gusta conservarlas en mi mente. Es difícil, tedioso y laborioso el llevar mis pensamientos al papel y permitir que mi círculo de consejo los analice, evalúe y hasta critique mis metas. De cualquier manera la planificación es uno de los comunes denominadores de los campeones—ellos piensan, más *allá*.

Recientemente, leí sobre cómo el Presidente de 200 corporaciones invertía la primera hora de cada día en planificar meticulosamente ese día de 24 horas. Nunca he conocido personalmente a alguien que haya pasado todo ese tiempo *planificando un día* tan cuidadosamente. Este hombre escribe sus planes en papel, en orden.

Lee Iacocca, la figura legendaria que fuera cabeza de Chrysler, dijo que uno de sus más grandes mentores insistió en que toda idea que él tuviera fuera escrita en papel detalladamente antes de considerarla.

Te das cuenta, cualquier persona se puede dejar llevar por el clima de la conversación. Pero cuando se te *requiere que escribas un plan detallado en papel,* salen hechos que estaban escondidos. Las verdades son mucho más fáciles de ver. Las áreas de *problemas* emergen. *Las debilidades* se hacen obvias. *Cualquier* nube se hace clara, Las preguntas son respondidas.

Por eso las Escrituras enseñan: "Escribe la visión, y declárala en tablas, para que corra el que leyere en ella", (Habacuc 2:2). Le ves, *tu Biblia es una colección de planes*. Dios quiere que tú lo veas, lo observes, medites y visualices esos planes.

La Biblia es una colección de campeones que planearon sus éxitos antes de tiempo. Salomón tuvo un plan para el *templo*. Era sumamente detallado (lee el tercer y cuarto capítulo de 2 Crónicas). Noe tuvo un plan para el arca. (Ver Génesis 6:14, 16.) Moisés tuvo un plan para el tabernáculo. (Ver Éxodo 36-40.)

Dios inclusive. ¡le dio los planes respecto a las *ofrendas de la gente*! (Ver Levítico 1-9.)

4 Recompensas De La Planificación

1.   **La Planificación Anticipada Elimina La Tensión En Las Estaciones Difíciles De Tu Vida.** "Ve a la hormiga, oh perezoso, Mira sus caminos, y sé sabio; La cual no teniendo capitán, Ni gobernador, ni señor, Prepara en el verano su comida, Y recoge en el tiempo de la siega su mantenimiento", (Proverbios 6:6-8).

2.   **La Planificación Afecta Grandemente Las Decisiones Que Tomas.** "¿O qué rey, al marchar a la guerra contra otro rey, no se sienta primero y considera si puede hacer frente con diez mil al que viene contra él con veinte mil? Y si no puede, cuando el otro está todavía lejos, le envía una embajada y le pide condiciones de paz", (Lucas 14:31-32).

3.   **La Calidad De Tu Preparación Determina La Calidad De Tu Desempeño.** "¿Has

visto hombre solícito en su trabajo? Delante de los reyes estará; No estará delante de los de baja condición", (Proverbios 22:29). Grandes concertistas de piano invierten muchas horas de práctica antes de sus conciertos. La multitud solamente oye los resultados de su preparación.

4. La Planificación Apropiada Garantiza La Terminación De Cualquier Proyecto. "Porque ¿quién de vosotros, queriendo edificar una torre, no se sienta primero y calcula los gastos, a ver si tiene lo que necesita para acabarla? No sea que después que haya puesto el cimiento, y no pueda acabarla, todos los que lo vean comiencen a hacer burla de él, diciendo: Este hombre comenzó a edificar, y no pudo acabar", (Lucas 14:28-30).

Los campeones de peso completo en el boxeo planean muchas semanas antes de su pelea. *Ellos se preparan*. Ellos saben que es la única diferencia entre ganar y perder. Yo he dicho frecuentemente que los campeones no se hacen campeones en el ring. *Su campeonato se da en la rutina diaria.*

Parece que muchos de nosotros tenemos una influencia predominante ya sea en nuestra mente o nuestro corazón. Hay Gente de Razón y Gente de Corazón. La Gente de Razón es metódica, analítica y toma decisiones basada en hechos. La Gente de Corazón parece ser más sensible, más intuitiva y se inclinan a la espontaneidad y a la flexibilidad.

La Gente de *Razón* desea *Hechos*.

La Gente de *Corazón* desea *inspiración*.

Ambas clases de personas son necesarias para terminar la Asignación de tu vida. Es mi observación personal que la *Gente de Razón* se desvía frecuentemente del Lugar Secreto, desarrollando una dependencia de sus estudios académicos e información reunida. *La Gente de Corazón* se aleja frecuentemente de la mentoría y de los descubrimientos de otros, hacia una revelación especial en su tiempo de oración.

2 Principios Importantes Que Me Han Ayudado Grandemente

▶ *La oración no reemplaza la planificación.*
▶ *La planificación no reemplaza la oración.*

Permíteme ilustrarte. Estudia a Josué y las dos batallas de Ai en Josué 7. Josué no consultó al Señor, y perdió la batalla de Ai. Esto lo devastó. "Entonces Josué rompió sus vestidos, y se postró en tierra sobre su rostro delante del arca de Jehová hasta caer la tarde, él y los ancianos de Israel; y echaron polvo sobre sus cabezas", (Josué 7:6).

Ahora Israel había pecado. Ellos habían tomado de las cosas malditas. En la derrota, Dios los había juzgado. Dios instruyó a Josué que dejara de orar. "Y Jehová dijo a Josué: Levántate; ¿por qué te postras así sobre tu rostro?" (Josué 7:10). Es una de las pocas cosas a las que Dios no respondió a la oración. *El plan de Dios no había sido buscado. Fue ignorado. Obviamente, un día completo de oración no podía reemplazar la simplicidad del plan de Dios.* "Ciertamente el obedecer es mejor que los sacrificios, y el prestar atención que la grosura de los carneros", (1 Samuel 15:22).

Después de que el pecado de Acán fue revelado y *penalizado,* Dios habló *nuevamente.* Josué estuvo escuchando esta vez. Dios le prometió la victoria, pero enfatizó una vez más la importancia de *seguir un plan.* "...sólo que sus despojos y sus bestias tomaréis para vosotros. *Pondrás, pues, emboscadas a la ciudad detrás de ella",* (Josué 8:2).

Como lo revelan los siguientes versículos, Josué

tenía un plan meticuloso, y ganó la segunda batalla de Ai. La oración no reemplazó su planificación. *La oración reveló el plan de Dios.*

Las 7 Llaves Más Importantes En La Planificación

1.   **Píde Sabiduría A Dios.** (Ve Santiago 1:5.)
2.   **Mantén Un Diario De Oración, Un Sistema De Administración Del Tiempo.** Puedes encontrarlos en las tiendas de artículos para oficina, o puedes buscar la recomendación de un buen sistema, con alguien a quien admires.
3.   **Manténlo A La Mano, Y Consúltalo Frecuentemente.** El uso de un planificador es muy difícil al principio y pudiera parecer que te quita tiempo. Pero te probará ser una herramienta valiosa y necesaria de beneficio de largo-plazo en tu vida.
4.   **Escríbe Tu Plan Del Día Con Todo Detalle.**
5.   **Síguelo Diariamente.**
6.   **Desarrolla Una Imagen Detallada Del Final Que Deseas Y De La Conclusión.**
7.   **Manténte Flexible Ante Lo Inesperado, Y Adapta El Plan Conforme A Eso Inesperado.** Toma un *momento* el recibir una *orden* de Dios. Toma toda tu *vida* conseguir el *plan* de Dios.

Estoy aprendiendo a permanecer en el Lugar Secreto después de que pasó el momento de escuchar un mandamiento del Señor. Cuando yo permanezco en Su presencia, Él empieza a mostrarme los planes para lograr y cumplir todos esos mandamientos que Él ha impartido.

Noe escuchó en un momento "Construye un arca", Pero, él tenía que permanecer más tiempo para escuchar los detalles de la construcción de un arca segura, así como el plan para quienes la habitarían.

3 Ingredientes Poderosos Que Producen Un Plan De Éxito. Tu Planificación Debería Empezar Con...

1. **Tiempo En El Lugar Secreto.** "El que habita al abrigo del Altísimo Morará bajo la sombra del Omnipotente", (Salmos 91:1).

Tu tiempo en el El Lugar Secreto determina tu fuerza en un lugar público. "Pero los que esperan a Jehová tendrán nuevas fuerzas; levantarán alas como las águilas; correrán, y no se cansarán; caminarán, y no se fatigarán", (Isaías 40:31).

2. **Tu Planificación Debería Involucrar A Tu Círculo De Consejo.** "Mejores son dos que uno; porque tienen mejor paga de su trabajo", (Eclesiastés 4:9).

Dignos Consejeros te mantienen a salvo de cometer errores. "Donde no hay dirección sabia, caerá el pueblo; Mas en la multitud de consejeros hay seguridad", (Proverbios 11:14).

David, pensó que él mismo era sabio, él sabía cómo accesar la capacidad mental y la unción de los demás. "De los hijos de Isacar, doscientos principales, *entendidos en los tiempos, y que sabían lo que Israel debía hacer*, cuyo dicho seguían todos sus hermanos", (1 Crónicas 12:32).

3. **Tu Planificación Debería Involucrar Al Mentor, Consultor Constante De Toda Tu Vida, El Espíritu Santo.** "Mas el Consolador, el Espíritu Santo, a quien el Padre enviará en mi nombre, él os enseñará todas las cosas, y os recordará todo lo que yo os he dicho", (Juan 14:26).

Una nota de cierre: Piensa en esto. La Cena De Las Bodas Del Cordero ha estado planeada ya por más de seis mil años. ¡Solamente imagina el esplendor, la majestuosidad y los recuerdos que esto creará!

Mientras más completo es el plan, durarán por más tiempo los recuerdos del evento.

Recuerda: *Tu Asignación Requiere Planificación.*

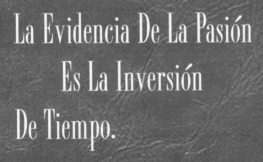

La Evidencia De La Pasión
Es La Inversión
De Tiempo.

-MIKE MURDOCK

≈ 24 ≈
TU ASIGNACIÓN SERÁ REVELADA PROGRESIVAMENTE

Tu Desconcierto Es Decifrado Pieza Por Pieza.
Tú no recibirás el entendimiento de toda tu Asignación durante una visita con Dios. Él está interesado en una relación, no en un evento. Él requiere un *intercambio contínuo* con Él. Él imparte información un párrafo a la vez, no un capítulo a la vez. "La palabra, pues, de Jehová les será mandamiento tras mandamiento, mandato sobre mandato, renglón tras renglón, línea sobre línea, un poquito allí, otro poquito allá; hasta que vayan y caigan de espaldas, y sean quebrantados, enlazados y presos", (Isaías 28:13).

Cada día produce *nuevas pistas* para tu Asignación. Felipe experimentó el recibir sus instrucciones del Espíritu Santo pieza por pieza. Primeramente, "Un ángel del Señor habló a Felipe, diciendo: Levántate y ve hacia el sur, por el camino que desciende de Jerusalén a Gaza, el cual es desierto", (Hechos 8:26).

Así que él fue. Cuando llegó, se dio cuenta que un eunuco estaba sentado en un carro. Este etíope el funcionario de Candace reina de los etíopes, estaba leyendo Isaías. Entonces, llegó otra instrucción.

"Y el Espíritu dijo a Felipe: Acércate y júntate a ese carro", (Hechos 8:29).

Entonces después de que el eunuco fue bautizado, Felipe recibió otra instrucción. "Pero Felipe se encontró en Azoto; y pasando, anunciaba el evangelio en todas las ciudades, hasta que llegó a Cesarea", (Hechos 8:40).

Lo que hagas primero determina lo próximo que Dios te revelará.

Cuando era un ministro joven, yo quería que Dios me diera una fotografía completa del viaje y de su conclusión. Ayuné por eso. Ore por eso. Busqué las observaciones de mentores dignos. Pero, nunca sucedió. Alguien le ha puesto nombre: "Un día a la vez". Se requieren *horas de dependencia* del Espíritu Santo para desarrollar la relación que Él desea entre Él y tú.

Moisés entendió muy bien este principio. Es verdad, a veces era desalentador pero esto lo mantenía ligado a Dios y dependiente de Él. Moisés vio cada plaga, desde el morir de los peces, las ranas, los piojos y las pulgas, la muerte del ganado y el hielo mezclado con fuego a las langostas, como una colección de estaciones. (Ver Éxodo 7-10.)

La más pequeña instrucción tiene un propósito. No siempre lo entenderás. Puedes desear y orar por más. Pero Su método para medir las instrucciones es el *aumentar tu fe paso por paso.* Es similar a un entrenador de pesas que cuidadosa y pacientemente lleva a un joven de levantar 25 kilos en el press de banca a eventualmente levantar 75 kilos. Si el entrenador hubiera demandado y requerido el peso completo al principio, el joven se habría desmoralizado, desanimado y deprimido. Se habría dado por vencido.

Pero el entrenador ejerce tan solo la suficiente presión y expectación para crecer en pequeños niveles de fuerza, confianza y expectación. Recuerda ésta Llave de Sabiduría: *Tú Puedes Ir A Dondequiera Que Tú Quieras Ir, Si Estás Dispuesto A Tomar Los Pequeños Pasos Necesarios.*

Las instrucciones son temporales. Es la razón por

la que Dios usó la nube y el fuego para guiar a Moisés. "Y que Tu nube estaba sobre ellos, y que de día ibas delante de ellos en columna de nube, y de noche en columna de fuego", (Números 14:14).

El recibir instrucciones del Espíritu Santo me recuerda mucho de la recolección del maná fresco hecha por los israelitas. *Cada mañana requería una búsqueda fresca.* Solamente en el sexto día Él proveyó maná extra para almacenar para el Shabbath. Él quería que ellos mantuvieran una *actitud contínua de agradecimiento.* Él deseaba adicción total a Su presencia y conciencia de Su importancia. *Cada mañana debes entrar Al Lugar Secreto para recibir instrucciones* frescas para ese día. En mi propia vida, ¡ha sido imposible reunir un bloque de instrucciones para los años siguientes! Él requiere de una búsqueda contínua.

Lo Que Haces Primero Determina Lo Que Dios Hará Después. Cuando yo cumplo con terminar Su primera instrucción, llego a calificar para Su segunda instrucción. "Mas buscad primeramente el reino de Dios y su justicia, y todas estas cosas os serán añadidas", (Mateo 6:33).

Continúa Oyendo Su Voz. El Espíritu Santo te está hablando. "Entonces tus oídos oirán a tus espaldas palabra que diga: Este es el camino, andad por él; y no echéis a la mano derecha, ni tampoco torzáis a la mano izquierda", (Isaías 30:21).

Tú Nunca Progresarás Más Allá De Tu Último Punto De Desobediencia.

Recuerda: *Tú Asignación Será Revelada Progresivamente.*

Nunca Discutas
Un Problema Con
Alguien Incapaz
De Resolverlo.

-MIKE MURDOCK

≈ 25 ≈
Los Intercesores Pueden Determinar El Resultado De Tu Asignación

Dios Siempre Responde A Tu Búsqueda.
La intercesión es la búsqueda de Dios. Estoy muy emocionado por el despertar del cuerpo de Cristo a la vida de oración, al lugar de oración: "El Lugar Secreto".
Cuando Dios es ignorado, el fracaso es inevitable. Cuando Dios es buscado, el éxito es inevitable.
Dios no permitira tu éxito sin Él.

Revisa Estos 7 Ejemplos De Campeones Que Entendieron El Poder De La Intercesión, Orando Juntos Por Milagros

1. Pedro Tenía El Poder De La Intercesión.
Pedro era un poderoso hombre de Dios. Él había caminado al lado de Jesús durante tres y medio años. Él había sufrido el fracaso personal y experimentado la restauración. Él tuvo la revelación que pocos hombres tuvieron. "Entonces le respondió Jesús: Bienaventurado eres, Simón, hijo de Jonás, porque no te lo reveló carne ni sangre, sino mi Padre que está en los cielos. Y yo también te digo, que tú eres Pedro, y sobre esta roca edificaré mi iglesia; y las puertas del Hades no prevalecerán contra ella. Y a ti te daré las llaves del reino de los cielos; y todo lo que atares en la tierra será

atado en los cielos; y todo lo que desatares en la tierra será desatado en los cielos", (Mateo 16:17-19).

Sin embargo Pedro estuvo en la prisión. *Él necesitaba intercesores.* Él necesitó *a otros.* Lee Hechos 12:5: "Así que Pedro estaba custodiado en la cárcel; pero la iglesia hacía sin cesar oración a Dios por él". Dios envió a un ángel y lo liberó de la prisión, *porque los intercesores oraron.*

2. El Profeta Samuel Fue Un Intercesor. Él hizo una declaración poderosa. "Así que, lejos sea de mí que peque yo contra Jehová cesando de rogar por vosotros; antes os instruiré en el camino bueno y recto", (1 Samuel 12:23). Él sintió que la *falta de oración era pecado.* La oración es la única evidencia real de humildad, reconociendo nuestra necesidad de Dios.

3. El Apóstol Pablo Creyó En La Intercesión, Orando Por Otros. Pablo tuvo una mente brillante. Él conoció la Escritura. Él conoció La Palabra de Dios. Él tuvo una revelación notable. Sin embargo él le escribió a su aprendíz, Timoteo, respecto a su oración, vida e intercesión. "Doy gracias a Dios, al cual sirvo desde mis mayores con limpia conciencia, de que sin cesar me acuerdo de ti en mis oraciones noche y día", (2 Timoteo 1:3).

4. Jesús Oró Toda La Noche. "En aquellos días él fue al monte a orar, y pasó la noche orando a Dios", (Lucas 6:12). Cuando lees el contexto de este versículo, te das cuenta que Él estaba bajo un gran ataque. Fue al siguiente día cuando Jesús escogió a Sus doce discípulos. Así Él mismo invirtió horas de intercesión durante estaciones de batalla y durante tiempos de toma-de-decisiones.

5. Jesús Está Intercediendo Por Tí En El Cielo. "Cristo es el que murió; más aun, el que también resucitó, el que además está a la diestra de Dios, el que también intercede por nosotros", (Romanos 8:34).

6. El Espíritu Santo Está Intercediendo Por Tí En La Tierra. "Y de igual manera el Espíritu nos ayuda en nuestra debilidad; pues qué hemos de pedir como conviene, no lo sabemos, pero el Espíritu mismo intercede por nosotros con gemidos indecibles. Mas el que escudriña los corazones sabe cuál es la intención del Espíritu, porque conforme a la voluntad de Dios intercede por los santos", (Romanos 8:26-27).

7. La Asignación De Pedro Estaba Protegida Por Las Oraciones De Jesús. "Dijo también el Señor: Simón, Simón, he aquí Satanás os ha pedido para zarandearos como a trigo; pero yo he rogado por ti, que tu fe no falte; y tú, una vez vuelto, confirma a tus hermanos", (Lucas 22:31-32).

Al momento de leer ese versículo, se hace claro que Jesús conoció al enemigo de Pedro, sin embargo él creyó que la fe de Pedro no fallaría a causa de Sus oraciones por él, Él esperó que Su intercesión produjera una Cosecha. Pedro fortalecería a los hermanos por sus mismas oraciones respondidas.

Aquí Están 8 Llaves De Sabiduría Para Recordar Acerca De La Intercesión

1. La Belleza, Talento Y Favor No Son Suficientes Para Crear Una Asignación Exitosa. Esther sabía esto. Ella era la mujer más hermosa en 127 provincias, sin embargo no dependía de su belleza física para conseguir respuestas. Ella convocó un ayuno. "Ve y reúne a todos los judíos que se hallan en Susa, y ayunad por mí, y no comáis ni bebáis en tres días, noche y día; yo también con mis doncellas ayunaré igualmente, y entonces entraré a ver al rey, aunque no sea conforme a la ley; y si perezco, que perezca", (Esther 4:16).

2.   La Intercesión Producirá Lo Que Las Relaciones No Podrán. Ester no dependió de su relación con el rey para lograr el éxito en su Asignación. Ella sabía que necesitaba la intervención sobrenatural de Dios.

3.   La Intercesión No Es Un Substituto Del Trabajo Y De La Prosperidad. Más bien, esto hace que tus *esfuerzos sean productivos.* Permíteme explicarte. Cuando Ester convocó un ayuno, no fue para evitar el ver al rey. Su intercesión fue para *influir el favor del hombre hacia su trabajo.* Ella se unió con Dios, esperando que Dios fuera delante de ella e hiciera exitosos sus esfuerzos.

4.   La Intercesión No Es Una Invitación A La Ociosidad O Lentitud. La intercesión no dará nacimiento a la exclusión. La intercesión es el asegurar la intervención de Dios en tu vida.

5.   Nunca Ores Por Nada Por Lo Que Tú Puedas Dudar. Si no tengo una base Escritural para una petición, me rehuso a orar por eso. Esto mantiene mis oraciones puras, precisas, y conforme a la voluntad de Dios.

6.   Aprende A Respetar A Los Intercesores Que Dios Ya Ha Vinculado A Tu Vida. "Otra vez os digo, que si dos de vosotros se pusieren de acuerdo en la tierra acerca de cualquiera cosa que pidieren, les será hecho por mi Padre que está en los cielos", (Mateo 18:19). Yo tomo las peticiones de oración muy seriamente. Lo ves, la mayoría de la gente realmente no cree en la intercesión. La mayoría no cree que la oración realmente funcione. He enviado miles de peticiones de oración a amigos y a socios, y frecuentemente recibo solamente una pequeña fracción de ellas como respuesta.

¿Esto indica que todos ellos están experimentando el éxito perfecto en sus vidas y que no necesitan oración? Por supuesto que no. *Ellos simplemente no creen que las oraciones de un hombre de Dios funcionen verdaderamente.* "La oración eficaz del justo puede mucho", (Santiago 5:16).

7. Mantén Tu Círculo De Intercesores Informado. Te das cuenta, inclusive Dios requiere que Le hagas conocer tus necesidades antes de que Él mismo se involucre. "Por nada estéis afanosos, sino sean conocidas vuestras peticiones delante de Dios en toda oración y ruego, con acción de gracias", (Filipenses 4:6).

Santiago instruyó: "¿Está alguno enfermo entre vosotros? Llame a los ancianos de la iglesia, y oren por él, ungiéndole con aceite en el nombre del Señor. Y la oración de fe salvará al enfermo, y el Señor lo levantará; y si hubiere cometido pecados, le serán perdonados", (Santiago 5:14-15).

8. Cuando Oras La Voluntad De Dios, La Confianza Y La Fe Vienen Fácilmente. Esto es importante. Tu fe es *necesaria para Su respuesta.* "Y esta es la confianza que tenemos en Él, que si pedimos alguna cosa conforme a su voluntad, Él nos oye. Y si sabemos que Él nos oye en cualquiera cosa que pidamos, sabemos que tenemos las peticiones que Le hayamos hecho", (1 Juan 5:14-15).

Tu Asignación requiere de *Dios.*

Tu Asignación requiere gente, *intercesores.*

Tus intercesores influyen grandemente *el fluir de favor en tu vida.*

Cuando Verdaderamente Respetas La Intercesión, Verás Los Resultados Más Dramáticos Que Hayas Experimentado Jamás En Toda Tu Vida.

Recuerda: *Los Intercesores Pueden Determinar El Resultado De Tu Asignación.*

Alguien Que Es
    Capaz De Bendecirte
Grandemente Está
    Observándote Siempre.

-MIKE MURDOCK

≈ 26 ≈
ALGUIEN QUE ES CAPAZ DE BENDECIRTE GRANDEMENTE EN TU ASIGNACIÓN ESTÁ OBSERVÁNDOTE SIEMPRE

Tus Luchas Y Esfuerzos Están Siendo Vistos.
Alguien está evaluando cuidadosamente tu progreso, búsquedas y potencial. Quizá no conozcas a la persona. Quizá todavía no lo o la conoces. Te sorprendería si supieras quien está, en este momento, comentando tu Asignación con gran favor y aprecio.

Esto es muy importante. Tu *consistencia* está atrayendo atención. Tu habilidad para permanecer *enfocado* es como un magneto. Alguien que te está observando ahora está considerando entrar a tu vida con favor, influencia y apoyo. Tú tendrás acceso a sus habilidades, Sabiduría y círculo de amistades...pronto. "¿Has visto hombre solícito en su trabajo? Delante de los reyes estará; No estará delante de los de baja condición", (Proverbios 22:29).

La gente está *preguntando* sobre tí. Tu persistencia está siendo admirada. Tu *integridad* está siendo mencionada en círculos que si supieras, te emocionarías y entusiasmarías. Cuando estas personas entren a tu vida, *tú lograrás en un solo día lo que normalmente, para lograrlo tú solo, te requeriría un año.*

Alguien está observando cuidadosamente tu productividad y actitud hacia tu jefe actual y tus superiores.

Le sucedió a Rut. Como recordarás, ella era la moabita que recogía espigas en el campo de Booz. Ella había seguido a su suegra Noemí, desde Moab de regreso a Belén. Su suegro había muerto. Su cuñado había muerto. Su propio esposo había muerto. Ella no tenía hijos. Ella era una sola, enfocada y leal campesina tratando de encontrar suficiente comida para sobrevivir.

Alguien la notó. Booz, el terrateniente que tenía riqueza y que había venido a supervisar la Cosecha. Él miró y vio a Rut. Él le dijo al supervisor de los recogedores, "¿De quién es esta joven?" Los ricos estudian las genealogías. "Y el criado, mayordomo de los segadores, respondió y dijo: Es la joven moabita que volvió con Noemí de los campos de Moab; y ha dicho: Te ruego que me dejes recoger y juntar tras los segadores entre las gavillas. Entró, pues, y está desde por la mañana hasta ahora, sin descansar ni aun por un momento", (Rut 2:6-7).

Booz se acercó a Rut. Él le explicó qué protección le sería provista mientras ella quisiera segar en su campo. Su humildad y espíritu dulce habían tocado a Booz. Entonces Booz explicó que él sabía quién era ella y quién era Noemí. Él confirmó que había habido conversaciones respecto a su vida. "Y respondiendo Booz, le dijo: He sabido todo lo que has hecho con tu suegra después de la muerte de tu marido, y que dejando a tu padre y a tu madre y la tierra donde naciste, has venido a un pueblo que no conociste antes", (Rut 2:11).

La determinación es una cualidad que todo campeón admira.

¡Oh, por favor escúchame hoy! No tienes idea de la cantidad de gente que está siendo sacudida hacia tu vida con gran *favor.* Toda buena *Semilla* que hayas sembrado va a crecer y a dar fruto. ¡Cada hora que has invertido en restaurar y sanar a otros va a producir una Cosecha inevitable! *Tus sacrificios no son en vano.* !Tu trabajo duro, tus luchas han sido notadas, *documentadas* y observadas por el Señor de la Cosecha! "No nos cansemos, pues, de hacer bien; porque a su tiempo segaremos, si no desmayamos", (Gálatas 6:9).

El escenario entonces se despliega cuando Booz invita a Rut a que se siente junto a sus siervos a la hora de la comida. Se le permite sentarse junto a los segadores. Booz instruye a sus empleados a que dejen cebada extra para ella. Lo ves, a los ricos se les instruyó que dejaran las esquinas de sus campos para los pobres y extraños para que recogieran comida para su propia sobrevivencia. (Ver Levítico 19:9-10.)

Pero aquí, Booz ha tomado una decisión de dejar suficiente cebada accesible para ella. La Biblia lo llama, "manojos de propósito" para ella.

Te das cuenta, esta clase de favor siempre se da en las vidas de quienes están obsesionados con su Asignación. *Dios va delante de tí.* Él pone dentro de los corazones de los demás un deseo por ayudarte, *apoyarte* y capacitarte para que *termines tu Asignación.* Él es un Dios justo. "Jehová en medio de ella es justo, no hará iniquidad; de mañana sacará a luz su juicio, nunca faltará; pero el perverso no conoce la vergüenza", (Sofonías 3:5).

Así que, alguien está evaluando siempre la manera como resuelves problemas.

Una de las historia intrigantes de la Biblia es respecto a Rebeca. Ella era la hija de Betuel joven, virgen. Ella había ido al pozo a llenar su jarra de agua.

Mientras tanto, al jefe de los siervos del acaudalado Abraham se le había asignado la tarea de encontrar una esposa para Isaac, el hijo de Abraham. Él había orado respecto a ella. Abraham le había pedido a Dios que le confirmara la novia que, junto con Isaac, heredaría su increíble riqueza.

Su petición no era común. Era algo demandante. Él quería que quienquiera que fuera esta mujer ofreciera voluntariamente agua a todos sus camellos que venían de un largo viaje con él.

¡Imagína esto! ¡Imagina la enorme tarea de saciar la necesidad de agua de toda una caravana de camellos con una jarra de agua! Él quería una mujer diligente, una mujer observadora, una mujer que se interesara por los demás. Ella no podía ser floja en el menor de los grados si quería estar vinculada a Abraham e Isaac. Ellos eran hombres de éxito.

Los hombres que tienen riqueza no toleran lo que los hombres que viven en pobreza toleran.

Sucedió. "Y cuando acabó de darle de beber, dijo: También para tus camellos sacaré agua, hasta que acaben de beber. Y se dio prisa, y vació su cántaro en la pila, y corrió otra vez al pozo para sacar agua, y sacó para todos sus camellos", (Génesis 24:19-20).

Las mujeres fuera de lo común hacen cosas fuera de lo común.

Ella hizo a un lado sus propios planes que tenía para ese día cuando vio a un viajero cansado y agotado.

Ella no quería que él le tuviera consideraciones.

Ella quería *ayudarlo en lo que se necesitara.*

Ella no deseaba ser servida.

Ella deseaba servir.

Ella no quería que alguien le hiciera la vida más fácil.

Ella quería hacer la vida más fácil *para algien más.*

Ella no esperó a que se le *pidiera.*

Ella preguntó.

Ella honró la petición del hombre que venía cansado. Ella lo hizo rápida y *oportunamente.* Ella fue diligente. La Biblia dice que ella se apresuró, "sacó para todos sus camellos", (Génesis 24:20).

Los siervos *descubren* a los siervos.

Los siervos de *calidad* disciernen servicio de *calidad*.

Siervos fuera de lo *común* disciernen servicio fuera de lo *común*.

Este hombre fue el siervo que Abraham eligió, uno de los hombres con mayor riqueza en la región. Él era digno de confianza. Diligente. Se interesaba en la gente. Su integridad lo calificó para seleccionar a la mujer que heredaría toda la riqueza de Abraham e Isaac.

Entonces él le hizo preguntas sobre su familia. Él le preguntó si sería posible que se alojara ahí esa noche. Su hospitalidad fluyó de ella como de un río. "Y añadió: También hay en nuestra casa paja y mucho forraje, y lugar para posar", (Génesis 24:25).

La gente grande es siempre gente amable.

El resto es historia. Ella fue elegida y se casó con Isaac. Ella fue la madre de Jacob y abuela de José. Ahora tú entiendes de dónde recibió José esa notable diligencia y habilidad para administrar los intereses de los demás.

Alguien está observando cuidadosamente tus reacciones a la adversidad y a la dificultad. Sucedió en la vida de Pablo. Él había naufragado en la isla de Malta. Pablo había recogido algunas varas secas y las hechó al fuego; y una víbora huyendo del fuego se le prendió en la mano. Los naturales de la isla hablaban entre ellos. Ellos pensaron: "Ciertamente este hombre es homicida, a quien, escapado del mar, la justicia no deja vivir", (Hechos 28:4).

Pero Pablo sacudió la víbora en el fuego sin sentir ningún daño. *La unción para conquistar influyó en ellos.* Ellos cambiaron su forma de pensar y "...¡dijeron que él era un dios!", (Hechos 28:6).

El vencer habla. Mientras los demás alrededor de ti observan tu vida, ellos serán influidos por tu enfoque, tus victorias y persistencia.

Los inversionistas estudian a las parejas jovenes. Ellos observan su agresividad en la búsqueda de excelencia antes de invertir. Los líderes escudriñan y cuidadosamente notan el comportamiento de los asistentes de líderes. Todo hombre poderoso anhela a una persona en quien pueda confiar que trabaje a su lado diariamente. Todo líder agresivo busca contínuamente a otros que sean agresivos, llenos de energía y diligentes.

Yo leo mi e.mail cuidadosamente. Cuando veo que un ministro joven se expande, busca y vacía su vida en su Asignación, eso es importante para mi. Cuando siembro una Semilla en su ministerio, observo con ávidez su calidad de respuesta hacia mí.

Pon excelencia en tu presente. No esperes que un futuro glorioso llegue. *Vacía lo mejor de tí en tu presente. Tus* esfuerzos de hoy están siendo multiplicados, notados y observados. Las recompensas son inevitables.

Imagina esto: Estás corriendo diariamente en el carril de la vida. Las gradas llenas de espectadores te están observando—*más allá de lo que te podrías imaginar.* "Por tanto, nosotros también, teniendo en derredor nuestro tan grande nube de testigos, despojémonos de todo peso y del pecado que nos asedia, y corramos con paciencia la carrera que tenemos por delante", (Hebreos 12:1).

Corre con excelencia hoy.

Alguien Que Puede Ser El Puente De Oro A Tu Próxima Estación Está Viendo.

Recuerda: *Alguien Que Capaz De Bendecirte Grandemente En Tu Asignación Está Observándote Siempre.*

❧ 27 ❧

Tu Asignación Puede Requerir Una Confianza Inamovible E Inusual En Un Hombre O Una Mujer De Dios

━━━━━➤◦◦◅━━━━━

Tú Tendrás Que Confiar En Alguien.

Es cierto que no puedes confiar en todo mundo. Ciertamente no puedes confiar en todo mundo todos los días de tu vida. Pero cuando Dios determina bendecirte, *Él pondrá alguien cerca de ti* con una instrucción, una motivación o un aviso que *influirá* grandemente en tu vida. Tu habilidad para confiar en la palabra que ellos tienen de Dios, *para ti* puede ser la diferencia entre un éxito notable y un rotundo fracaso.

La persona en quien estás confiando está decidiendo tu futuro.

Permíteme explicarte. Dios usa la cadena de autoridad contínuamente en tu vida. Es por eso que el Apóstol Pablo animó a los hijos de Israel a que obedecieran a sus padres, a los empleados a honrar a su jefe y a que los cristianos honraran al hombre de Dios en sus vidas.

Uno de los principios más poderosos, escondidos como una pepita de oro es "...Creed en Jehová vuestro Dios, y estaréis seguros; creed a sus profetas, y seréis prosperados", (2 Crónicas 20:20).

La duda es costosa. El excepticismo crea las más grandes pérdidas sobre la tierra. La incredulidad crea desastres tan rapidamente como la fe produce milagros. Millones de pecadores han perdido una vida increíble en Cristo porque se han *rehusado a confiar* en las palabras de un hombre de Dios. Para muchos, la predicación del evangelio es tontería. "Porque la palabra de la cruz es locura a los que se pierden; pero a los que se salvan, esto es, a nosotros, es poder de Dios...agradó a Dios salvar a los creyentes por la locura de la predicación", (1 Corintios 1:18, 21).

Dios frecuentemente envuelve Su oro en bolsas insignificantes.

Te das cuenta, el hombre que Dios elige usar quizá no sea intelectual, articulado o talentoso. Él puede ser ingenuo, sin educación e inclusive torpe. Juan el Bautista ciertamente no era agradable en su apariencia conforme al parámetro moderno. Pero aquellos que abrazaron la palabra que él tenía de Dios fueron llevados a niveles de poder y *cambio para siempre.*

El Apóstol Pablo no impresionó a nadie. Él escribió a la iglesia de Corinto, "Así que, hermanos, cuando fui a vosotros para anunciaros el testimonio de Dios, no fui con excelencia de palabras o de sabiduría. Y estuve entre vosotros con debilidad, y mucho temor y temblor; y ni mi palabra ni mi predicación fue con palabras persuasivas de humana sabiduría, sino con demostración del Espíritu y de poder, para que vuestra fe no esté fundada en la sabiduría de los hombres, sino en el poder de Dios", (1 Corintios 2:1, 3-5).

El rompimiento de obstáculos que te llevará a tu victoria financiera puede depender de tu voluntad para creerle a un hombre de Dios. Tu provisión financiera puede requerir obediencia total a una instrucción de un hombre de Dios. Esto le pasó a la viuda de Sarepta. Ella estaba sumamente delgada y quebrantada. Su hijo estaba a punto de morir de hambre. Ella estaba ya en su última comida. Elías, el profeta, tocó la puerta de su casa con determinación y casi con una incrédula instrucción. ¿La instrucción? Darle a él una comida inclusive antes que su hijo comiera.

Lo ves, la instrucción de un hombre de Dios raramente será lógica. Tú puedes hacer lo lógico sin un hombre de Dios en tu vida. Pero raramente harás algo ilógico a menos que un hombre de Dios *estimule tu fe.* En algún lado, en algún momento, necesitarás que un hombre de Dios te lleve del foso de la lógica al palacio de la fe. Elías lo hizo. "Elías le dijo: No tengas temor; ve, haz como has dicho; pero hazme a mí primero de ello una pequeña torta cocida debajo de la ceniza, y tráemela; y después harás para ti y para tu hijo. Porque Jehová Dios de Israel ha dicho así: La harina de la tinaja no escaseará, ni el aceite de la vasija disminuirá, hasta el día en que Jehová haga llover sobre la faz de la tierra", (1 Reyes 17:13-14).

Tu Reacción A Un Hombre De Dios Determina La Reacción De Dios Hacia Tí.

Esto es sumamente importante: Cuando un hombre de Dios te da una instrucción, hay un juicio o una recompensa que tu obediencia producirá.

Él no te está dando una instrucción para demostrarte su autoridad.

Él no te está dando una instrucción para financiar su propia vida.

Su instrucción es una salida de tu crisis presente.

Su instrucción es una entrada a una Cosecha milagrosa.

Tu obediencia determinará tu propia recompensa.

La viuda obedeció. *La Llave De Oro al éxito es siempre obediencia a una instrucción de Dios.* "Entonces ella fue e hizo como le dijo Elías; y comió él, y ella, y su casa, muchos días. Y la harina de la tinaja no escaseó, ni el aceite de la vasija menguó, conforme a la palabra que Jehová había dicho por Elías", (1 Reyes 17:15-16).

Lee 1 Reyes 17 cuidadosamente. No encontrarás ni una sola referencia que pruebe que la viuda reconoció o escuchó la voz de Dios directamente. El profeta escuchó a Dios. Ella escuchó al profeta.

Dios le habló al profeta.

El *profeta* le habló a la *viuda.*

Esa secuencia es honrada por Dios.

Cuando el hombre se rehusa a aceptar una instrucción *a través de alguien que Dios envía,* él pierde *toda promesa* y recompensa que Dios ha tratado de darle.

Cuando Dios quiere bendecirte, Él le hablará a un hombre de Dios acerca de tu vida. Cuando Dios quiere detener un juicio, Él usualmente envía a un hombre de Dios *con un aviso.* Él lo hizo en Nínive. "Vino palabra de Jehová a Jonás hijo de Amitai, diciendo: Levántate y ve a Nínive, aquella gran ciudad, y pregona contra ella; porque ha subido su maldad delante de Mí", (Jonás 1:1-2).

Ahora Jonás fue desobediente. Su experiencia en "La Universidad de las Algas" es conocida alrededor del mundo. Él fue tragado por un pez, y su propia desobediencia fue costosa. Así que cuando él llegó a Nínive, él era un *hombre persuadido.*

Los hombres persuadidos persuaden.

Permíteme decir esto: Miles de personas no tienen idea de lo que un hombre de Dios experimenta antes de dar una instrucción a alguien. Ha habido muchas noches en mi vida cuando una instrucción vino del Señor para la gente y yo realmente no quería darla. No era siempre animador. Me han dado instrucciones de juicio más de una vez. Pero la razón por la que obedecí no fue para asegurar la aprobación, el aplauso y la aceptación de la gente. Más bien, yo tenía a un poderoso Dios hablando poderosamente y persuasivamente a mi oido. Mi desobediencia sería demasiado costosa.

Jonás clamó en las calles de Nínive. "Y comenzó Jonás a entrar por la ciudad, camino de un día, y predicaba diciendo: De aquí a cuarenta días Nínive será destruida", (Jonás 3:4).

De alguna manera, la credibilidad y verdad de su mensaje se sintió. La gente se arrepintió. "Y los hombres de Nínive creyeron a Dios, y proclamaron ayuno, y se vistieron de cilicio desde el mayor hasta el menor de ellos. Y llegó la noticia hasta el rey de Nínive, y se levantó de su silla, se despojó de su vestido, y se cubrió de cilicio y se sentó sobre ceniza. El hizo proclamar y anunciar en Nínive, por mandato del rey y de sus grandes, diciendo: Hombres y animales, bueyes y ovejas, no gusten cosa alguna; no se les dé alimento, ni beban agua; sino cúbranse de cilicio hombres y animales, y clamen a Dios fuertemente; y conviértase cada uno de su mal camino, de la rapiña que hay en sus manos. ¿Quién sabe si se volverá y se arrepentirá Dios, y se apartará del ardor de Su ira, y no pereceremos?" (Jonás 3:5-9).

Piensa en esto: El rey lloró y clamó. Se instruyó a la gente que dejara de alimentar a sus animales y rebaños. A los animales mismos se les obligó a ayunar. Los senadores y líderes de gobierno también dejaron de consumir alimentos.

Algo sobrenatural sucede cuando decides creerle al hombre de Dios.

¿Cuál fue su recompensa de confiar en la palabra de un hombre de Dios? "Y vio Dios lo que hicieron, que se convirtieron de su mal camino; y se arrepintió del mal que había dicho que les haría, y *no lo hizo*", (Jonás 3:10).

Yo tuve una experiencia muy inusual que cambió mi vida. Cada año fui anfitrión de la Conferencia Mundial de Sabiduría. Sucedió hace varios años durante un servicio en mi Conferencia Mundial de Sabiduría. Uno de mis amigos, un evangelista visitante, se acercó a mi diciendo—"siento que Dios me habló para que recibiera una ofrenda para tu ministerio hoy".

"Bien, yo te diré cualquier cosa que Dios me muestre que hacer"— le respondí. Le agradecí lo que dijo. Pero, realmente sentí que yo podía escuchar de Dios tanto como cualquiera de los presentes. Sin embargo, no sentí la guía de que se recibiera una ofrenda en ese momento.

Unos minutos después, otro evangelista me dio una nota. Esta reiteraba que el otro hermano se sentía movido a recibir una ofrenda que debía recibirse en otro momento.

Unos minutos después, otro evangelista me pasó una nota. Reiteraba que el otro hermano se sentía movido a recibir una ofrenda. Ambos sintieron que era Dios y querían que les diera el micrófono. Yo estaba molesto.

Yo tenía un horario personal para el momento en que se recibiría la ofrenda. Mi actitud básica fue,"Esta es mi propia conferencia. Nadie va a recibir ninguna ofrenda a menos que yo lo apruebe y sepa que esa es la voluntad de Dios. Este no es el lugar ni el momento para recibir la ofrenda". Ya se había recibido una ofrenda esa mañana, y yo no quería que la gente se sintiera presionada.

No soy ningún novato en el ministerio. He caminado al púlpito más de 17,000 veces desde que empecé a predicar a la edad de ocho años. Yo hablé en mi propia campaña a la edad de 15 años. Entré de tiempo completo al evangelismo a la edad de 19 años.

He estado en 40 países en el mundo. Yo estaba un poco enojado porque un hombre de Dios Me presionara de esa manera.

Ahora, mientras estaba hablando y me estaba preparando para despedir a la gente para el almuerzo, este evangelista caminó hacia mí públicamente. Él estaba llorando y clamando. "Hermano, ¿podría decir una palabra?" Yo estaba frustrado. Me molestó profundamente. Yo oro, ayuno y hago todo esfuerzo para escuchar la voz del Espíritu Santo. *No estaba oyendo nada de Dios.* No *sentí* nada. De alguna manera, realmente creí en mi corazón que estaba totalmente fuera de orden.

Pero, él era un hombre de Dios. Yo *sabía* que él era un hombre de Dios. Su ministerio estaba *probado.* Su unción era *obvia.* Él había pasado la prueba del tiempo. Él usó la insignia de la *persistencia.* Así que le di el micrófono, un tanto renuente.

Cuando empezó a hablar, las lágrimas empezaron a rodar por sus mejillas. En cuestión de momentos mis socios empezaron a salir de sus lugares convirtiendose en un río que fluía hacia el frente con promesas de fe de $1,000USD para el ministerio. Ellos seguían viniendo, y viniendo y viniendo. Yo me quedé ahí, *todavía sin sentir nada.* Apenas podía creer lo que estaba sucediendo. No puedo decir que sentía gozo, porque no sentí gozo. Yo *nunca* sentí una confirmación. Durante todo el tiempo que él recibió la ofrenda, nunca sentí los vientos del Espíritu Santo. La ofrenda de ese día en efectivo y promesas fue de más de $100,000USD.

Ore, "Oh Señor, yo pensé que conocía tu voz. Yo pensé que sabía cuando Tú hablabas".

Lo ves, Dios le había hablado a otro hombre algo que había retenido de mí. Me concernió profundamente. Estaba enfurecido. Estaba avergonzado. Estaba perplejo. Estoy seguro que así se sintió Elí el sacerdote cuando Dios le habló a Samuel, el niñito, en vez de haberle hablado a él, el sumo sacerdote.

Sentí que el momento no erea el adecuado. Yo tenía mi propia agenda. *La única razón* por la que le permití hacerlo finalmente fue porque *yo sabía realmente* que él era un hombre de Dios. El toque de Dios estaba sobre él. No *sentí* nada. No vi ninguna visión. No *experimenté* ninguna revelación. *Simplemente confié en el hombre de Dios* que mi Padre había decidido usar ese día.

Aprendí que *Dios le dice a otros cosas que no me dirá a mí.* Me siguió molestando, pero aprendí una lección muy valiosa.

Mi éxito dependerá de mi habilidad para reconocer a un hombre de Dios cuando estoy en su presencia.

Una vez, estaba ministrando en la Costa Este. Una unción notable cayó sobre mí, y compartí un testimonio personal respecto a plantar Semillas de $58USD. Permíteme explicarlo. Hace seis años estaba sentado en la plataforma en Washington, D.C. El pastor estaba recibiendo los diezmos y ofrendas. Yo había estado sembrando una Semilla de $1,000USD cada mes durante los doce meses previos.

Mientras el pastor estaba recibiendo los diezmos, El Espíritu Santo me habló de repente. Él preguntó. "¿Cuántas clases de bendiciones están en mi Palabra?"

Bueno, yo había hecho un estudio privado. En mi investigación, había encontrado 58 clases diferentes de bendiciones. Ahora, puede haber más dependiendo de tu propia selección de categorias, pero esas son las que yo conté. Así que le respondí, "Hay 58 clases diferentes de bendiciones en Tu Palabra".

"Yo quiero que levantes una Semilla especial de $58 dólares en esta ofrenda. Escribe 'Bendición del Pacto' en el cheque". Él me dijo que Él quería que esta

Semilla de $58USD representara un Pacto de Bendición entre Él y yo. Yo pensé que era ridículo. Pero mientras escuchaba con todo mi corazón, yo conozco Su voz. Yo obedecí. Unos mementos después me instruyó que plantara otra Semilla para alguien a quien yo amara que necesitara un milagro en su vida. Yo obedecí. En cuestión de semanas, los milagros ocurrieron en mi vida, milagros que eran explosivos y que cambiaban mi vida.

Por lo que, el domingo en el servicio de la mañana, compartí mi experiencia. Le expliqué a la gente que yo sentía fuertemente la impresión de que cada persona en el servicio debería sembrar una Semilla de $58USD hacia la obra del Señor. Este sería usado para comprar tiempo aire en la televisión. Tiempo para enseñar el evangelio. Mucha gente obedeció esa instrucción—no porque ellos oyeron la voz de Dios, sino porque *ellos creyeron* que el hombre de Dios estaba dando una instrucción adecuada de parte de Dios.

Esa tarde, uno de los hombres visitantes llamó al pastor. Él estaba enfurecido. Él era un hombre impío que no seguía al Señor. Él le dijo al pastor que todo eso era una trama, un engaño. Te das cuenta, *cuando no conoces a Dios, es obvio que tú, no necesariamente reconocerás un hombre de Dios*. Cuando tú vives en una desobediencia diaria, es normal continuar esa desobediencia cuando una instrucción viene de Dios.

En ese servicio otro pastor visitante tomo su chequera y plantó una Semilla de $58USD. Ella creyó que el manto de favor sería envuelto alrededor de su vida *porque ella obedeció una instrucción* que yo había dado.

En unos cuantos meses, un anciano que ella había ayudado a morir, cuando murió, él le dejó a esta pastora una iglesia pagada por completo, dos casas y 27 hectáreas de tierra. Las bendiciones de Dios explotaron en su vida. *Ella había obedecido las instrucciones de un hombre de Dios.* Esas instrucciones no eran lógicas. Esas instrucciones iban más allá de la comprehensión humana. Ella "no compró un milagro". Ella había *obedecido una instrucción.*

El hombre que la criticó...*perdió* su Cosecha.

La mujer que obedeció...*creó* su Cosecha.

Dos personas en el mismo servicio produjeron dos resultados diferentes. ¡Oh, por favor escúchame hoy! Cuando Dios quiere bendecirte, Él ungirá un hombre o una mujer maravillosa de Dios para darte una instrucción. Esta puede ser ilógica. Esta puede ser ridícula. Pero ¿recuerdas a Naamán? Él tenía lepra. Él era general del ejército del rey de Siria. Sin embargo él se dispuso a obedecer la instrucción de un profeta de sumergirse en el río Jordán siete veces, *su lepra desapareció.*

Esto sucede de la misma manera *en tu vida.* Cuando tú sabes que alguien es verdaderamente un hombre o una mujer de Dios, *responde rapidamente y abraza su instrucción.*

Tu Destino Es Tu Decisión.

Recuerda: *Tu Asignación Puede Requerir Una Confianza Inusual E Inusual En Un Hombre O Una Mujer De Dios.*

≈ 28 ≈
El Problema Que Más Te Enfurece Es Frecuentemente El Problema Que Dios Te Ha Asignado Para Que Resuelvas

El Enojo Es Una Pista Hacia Tu Unción Y Tu Asignación.

Cuando Moisés vio a un egipcio golpear a un israelita, el enojo se encendió dentro de él. Ese enojo fue una *pista*. Fue una *señal*. La situación que más lo enfureció fue la que el único Dios le había ordenado cambiar, corregir y alterar.

El Enojo Es El Lugar De Nacimiento Del Cambio. Las situaciones cambian solamente cuando nace el enojo. Tú no resolverás un problema conscientemente sino hasta que experimentes un enojo santo y justo levantarse dentro de ti.

Tú no cambiarás una situación sino hasta que se vuelva intolerable.

Por muchos años en el sur, Los Afro Americanos fueron forzados por ley a sentarse en la parte posterior del autobús. Ellos bien habrían podido seguir así hasta hoy si no hubiera sido por una mujer valiente: Rosa Parks. Esta mujer negra, cansada por el trabajo tomó su lugar en un autobús que iba lleno en Montgomery, Alabama. Cuando el autobús se llenó, ella se rehusó a pararse para que el hombre blanco se sentara en su lugar. Este fue el catalizador para el cambio apropiado, dramático y tan necesitado ya desde hacía mucho tiempo en los Estados Unidos. Esa clase de valor merece honor y respeto.

Lo Que Toleras, No Lo Puedes Cambiar. Cualquier cosa que rehúses aceptar, lo que te haga enojar lo suficiente para que tomes acción, es una pista para tu Asignación.

MADD, siglas en inglés de la organización Madres Contra el Manejo en Estado de Ebriedad, fue iniciada por una madre que vio como su hijo era atropellado en la calle por un conductor ebrio. Su enojo dio nacimiento a una respuesta.

Tú debes llegar a estar verdaderamente enojado con el presente antes de que el futuro te pueda escuchar.

Si te puedes adaptar a tu presente, nunca entrarás a tu futuro. Solamente quienes no pueden tolerar el presente están calificados para entrar a su futuro.

Ha sucedido en mi propia vida. Cuando era adolescente, sentí una gran atracción hacia la corte. Yo quería ser abogado. Me senté por horas en esos salones de la corte en mi pequeño pueblo en Lake Charles, Louisiana. Cada hora tomaba notas de casos que se exponían. Todavía odio la injusticia.

Puedo llegar a enojarme por esto, ahora mismo, mientras te estoy escribiendo este capítulo solo de pensar en la gente que no ha sido representada apropiadamente. Continuamente leo libros sobre leyes y todavía continuamente leo libros que hablan del sistema legal. Mirar el proceso de la ley y observar la manipulación que se da en la corte, todavía me enfurece. Yo creo que este *enojo es una pista hacia la unción que hay sobre mi vida.*

La ignorancia me enoja. Cuando hablo con gente que no está informada, algo se aviva en mí. El deseo de enseñar es sobrecogedor Hablo en seminarios alrededor del mundo y a veces pierdo mi itinerario de vuelos porque me obsesiono con la enseñanza. Salir de un seminario se vuelve extremadamente difícil.

Los empleados improductivos son una fuente de gran agravio para mí. Creo que es una pista hacia el manto de mi vida. Es importante para mí descubrir el misterio del logro a través de Llaves de Sabiduría y los libros que escribo.

Escucha cuidadosamente a los ministros que enseñan prosperidad. *Ellos odian la pobreza.* Desprecian la carencia. Les contrista profundamente el ver familias heridas, destruidas y devastadas por la pobreza. Sus mensajes están llenos de furia ¡y suenan casi enojados! ¿Por qué? El destruir la pobreza es un llamado *dentro* de ellos.

¿Has escuchado ministros con la unción para liberar? Ellos se enojan contra los espíritus demoníacos que poseen a miembros de las familias.

Escucha a un evangelista ganador-de-almas. ¿Escuchas su pasión? Él es movido por la compasión cuando él ve al no salvo y no comprometido venir a Cristo.

El enojo revela una unción. "Acontecerá en aquel tiempo que su carga será quitada de tu hombro, y su yugo de tu cerviz, y el yugo se pudrirá *a causa de la unción*", (Isaías 10:27). La unción es el *poder de Dios que remueve cargas y destruye yugos en tu vida.*

Pon atención a lo que te hace enojar.

Algo dentro de ti se levanta en contra de eso. ¿Por qué? *Tu enojo te califica para ser un enemigo de ese problema.* Dios te está preparando para que lo resuelvas.

El enojo es *energía.*

El enojo es *poder.*

El enojo *mueve el infierno.*

El enojo puede *dominar una situación.*

El enojo no enfocado destruye y arruina.

Enfocado adecuadamente, crea cambios milagrosos.

El enojo meramente requiere el enfoque apropiado.

Desarróllalo. Debes ver tu enojo como una instrucción de Dios para permanecer en El Lugar Secreto para *encontrar la solución para el problema,* obtén las armas para destruir al enemigo, y *desarrolla una agenda diaria* diseñada por el Espíritu Santo...*para crear el cambio.*

La Gente Enojada Puede Cambiar Su Generación Dramáticamente.

Recuerda: *El Problema Que Más Te Enfurece Es Frecuentemente El Problema Que Dios Te Ha Asignado Para Que Resuelvas.*

29

LO QUE MÁS AMAS ES UNA PISTA HACIA TU ASIGNACIÓN

La Pasión Es Magnética.

¿De qué te gusta *hablar*? ¿Qué te gusta *escuchar*? ¿Qué te *emociona?* Estas son pistas para tu Asignación. Estas son pistas para tus habilidades.

Tú siempre tendrás Sabiduría hacia lo que tú amas.

Si amas a tus hijos, posiblemente poseas una sabiduría innata y obvia hacia los *niños.*

Si amas las computadoras, descubrirás una inclinación natural para entender esta *era de la computación.*

Si te gusta trabajar en los autos, tendrás una sabiduría natural hacia las *cosas mecánicas.*

No es normal que los grandes cantantes digan— "realmente odio cantar. Preferiría vender autos. Dios me está haciendo cantar". Por supuesto que no. Ellos *aman* el cantar.

Has escuchado a un gran hombre de Dios decir— "¡Secretamente sueño con levantar gusanos!". Por supuesto que no. Nunca escucharás a un gran pianista decir—"Odio tocar el piano. Es algo que *tengo* que hacer. Dios me está *haciendo* que lo haga. Yo preferiría estar construyendo casas".

Lo ves, *lo que amas es una pista para tu Asignación*.

Cuando Dios te llame para una Asignación,

obedécelo. En el tiempo debido, Él dará nacimiento a un deseo interno para una Asignación específica. Es una de las maneras como honra tu obediencia.

Sin embargo, a algunos de nosotros se nos enseñó lo opuesto. Recuerdo que una de las damas de la iglesia de mi papá decía—"Si Dios te llama a predicar el evangelio al otro lado del mundo y te rehúsas, Él hará que vayas".

Dios le dio a Jonás la instrucción de ir a Nínive. Él eligió ir a Tarsis. Fíjate en esto. ¿Por qué no simplemente se quedó donde estaba? Él no tenía que salir del lugar donde estaba. *Algo dentro de él lo estaba moviendo.* Él simplemente se rehusó a completar su Asignación.

Su Asignación era de dos tantos: 1) dejar el lugar donde él estaba y 2) Llegar a Nínive. Él *empezó* su Asignación. Dios trató con él por su rebelión en contra de terminar su Asignación.

Dios no está buscando formas de ser antagónico, hacerte enojar ni que te sientas miserable. Cuando Él te llama a hacer algo, si tú permaneces en Su presencia, te estableces en obediencia, Él te dará un *deseo para que lo termines.*

¿Qué te emociona *realmente?* ¿Qué te da *gran entusiasmo?* ¿Qué estás haciendo en los *días más felices* de tu vida?

Esos Deseos Son Señales Hacia El Lugar De Tu Asignación.

Recuerda: *Lo Que Más Amas Es Una Pista Tu Asignación.*

≈ 30 ≈
Tu Asignación Puede Parecer Pequeña, Sin Embargo Puede Ser El Eslabón De Oro En Una Gran Cadena De Milagros

―――➤•✦•◀―――

La Bellotas Pueden Llegar A Ser Robles.

Hay una historia interesante en el Antiguo Testamento. Un gran general, Naamán, tenía lepra. La muchacha que servía a la mujer de Naamán dijo a su señora que había un profeta en Israel que podía sanar a su amo si él iba con el profeta y le pedía ayuda. Naamán fue, escuchó la instrucción de sumergirse en el Jordán siete veces y *salir sanado de su lepra.*

Esa muchacha que servía creó uno de los más grandes milagros del Antiguo Testamento. La historia de obedecer la instrucción ilógica del profeta—de sumergirse en el agua del Río Jordán—ha sido contada infinidad de veces por miles de ministros. Ha desatado olas de fe y creado una colección de milagros conocidos por Dios únicamente.

Sin embargo, ella era solamente una muchacha que servía.

Ella simplemente recomendó al hombre de Dios.

Felipe, el diácono predicador, de pronto fue trasladado del fuego de un avivamiento en Jerusalén al carro de un Etíope eunuco que viajaba a través del desierto. Los historiadores nos dicen que una conversación que Felipe tuvo con el eunuco provocó que el 90 por ciento de Etiopía se convirtiera al Cristianismo.

Sin embargo él solamente fue un diácono que habló con un hombre en un carro.

Hace años, un hombre que yacía en su lecho de muerte en Fort Worth, Texas. Su hermana que estaba al norte le mandó una carta urgiéndolo a ir a un avivamiento local de sanidad. Sus amigos lo llevaron allí la noche siguiente. Esa noche él fue convertido a Cristo gloriosamente. La segunda noche él fue sanado instantáneamente y fue llamado al ministerio. Ese hombre se convirtió en uno de los más grandes predicadores en décadas, y se dice que trajo a más de un millón de personas a Cristo a través del ministerio de sus campañas.

Sin embargo, esto solo fue una simple carta de una hermana que estaba a miles de millas de distancia.

Las acciones pequeñas e insignificantes frecuentemente ponen en acción las grandes fuerzas de la tierra. Nunca minimices cualquier cosa. Nada es poco para el Creador. "Porque los que menospreciaron el día de las pequeñeces se alegrarán", (Zacarías 4:10). "Y aunque tu principio haya sido pequeño, Tu postrer estado será muy grande", (Job 8:7).

El niñito de los cinco panes y los dos peces. La multitud esperó. Jesús tomó los cinco panes y dos peces y empezó a partirlos para dar de comer a la gente. El resto es historia. El milagro de la multiplicación ha sido proclamado alrededor del mundo. Un sin fin de milagros han ocurrido por gente que así como tú y como yo, hemos abrazado este gran milagro.

Un niño. Cinco panes y dos peces.

Un milagro sorprendente de multiplicación.

Tu Asignación puede parecer pequeña a veces. No te preocupes por eso. No te enfoques en ese aspecto. Yo estoy seguro de que Miriam recordó haber puesto a su hermanito bebé en las aguas lodosas del río Nilo. ¿Quién podía anticipar que la hija del faraón lo tomaría como si fuera su propio hijo? ¿Quién habría sabido que de esa pequeña canasta surgiría el más grande libertador del mundo de toda la *nación Hebrea?*

Toda cosa pequeña es realmente importante.

Las bellotas son simplemente el comienzo de los grandes robles.

Satanás teme tu futuro mucho más que tu presente. No te desanimes ni te sientas insignificante. Estás sentado sobre olas de bendición que destruirán los desiertos de dolor de los demás.

Nada Es Pequeño En Las Manos De Un Multiplicador.

Recuerda: *Tu Asignación Puede Parecer Pequeña, Sin Embargo Puede Ser El Eslabón De Oro En Una Gran Cadena De Milagros.*

Nunca Te Quejes Acerca De Lo Que Permites.

-MIKE MURDOCK

≈ 31 ≈
TÚ ERES EL ÚNICO QUE DIOS HA UNGIDO PARA TU ASIGNACIÓN ESPECÍFICA

Tu Asignación Requiere De Tu Participación.
Nadie más puede *discernirla* por tí. Nadie más la puede *perseguir* por tí. Nadie más puede *terminarla* por tí. "De manera que cada uno de nosotros dará a Dios cuenta de sí", (Romanos 14:12).

Es triste escuchar a quienes culpan a otros de sus circunstancias. He escuchado frecuentemente a un esposo quejarse, "Yo quiero hacerlo, pero mi esposa no está de acuerdo conmigo". Las esposas se quejan, "Mi esposo no coopera con mi llamamiento y mi Asignación".

Deja de culpar a otros de tus decisiones personales. Uno de los principios más importantes hablados a mi vida por El Espíritu Santo ha sido la Llave De Sabiduría.

Nunca Te Quejes De Lo Que Permites.
Tus circunstancias presentes existen hoy con *tu permiso.* Tu tolerancia de ellas sopla aliento de vida y longevidad sobre ellas. *La intolerancia* de tu presente creará un futuro *diferente. Nada cambiará en tu vida realmente sino hasta que ya no puedas tolerar más el presente.*

El Apóstol Pablo era muy directo: "Así que, cada uno someta a prueba su propia obra, y entonces tendrá motivo de *gloriarse sólo respecto de sí mismo,* y no en otro", (Gálatas 6:4). Lo ves, Dios nunca quizo que dependieras de nadie más para la terminación de tu Asignación. Tu gozo real depende de Su presencia. Su presencia depende de tu búsqueda. *Tu búsqueda es tu propia decisión.*

Ciertamente los impedimentos se presentan. Es común tener relaciones que nos alentan, desmotivan y nos desaniman. Todo triunfador ha experimentado una relación con alguien que ha sido una carga en vez de una bendición. Pero ¡tú has elegido a tus amistades!

La calidad de tus relaciones refleja y revela lo que respetas más en la vida. Cuando yo leo las biografías de campeones extraordinarios, Ellos se hacen responsables de sus propias acciones, decisiones, y las tareas necesarias para alcanzar sus metas y sueños.

"Yo realmente odio mi trabajo", me confesó un hombre.

"Entonces ¿por qué ha permanecido ahí?" le pregunté, un tanto perplejo.

"Está cerca de mi casa", fue su respuesta ridícula. *Tú has elegido el presente.* Tú puedes dejarlo o cambiarlo.

Tú puedes quejarte, molestar por el resto de tu vida. Pero has elegido el *ambiente* que te rodea. Lo has *aceptado.* Lo has *abrazado.* Te has rehusado *a alejarte de el.* Así que deja de buscar las faltas.

Tu presente existe con tu permiso.

El Apóstol Pablo se hizo responsable de su vida. Al final de su vida, él le escribió a Timoteo, "He peleado la buena batalla, he acabado la carrera, he guardado la fe", (2 Timoteo 4:7).

Nadie más peleó su batalla. Nadie más podía terminar su carrera por él. Él mantuvo su fe. Él conservó su propio enfoque. Él peleó su propia batalla.

Tú debes entender esto. Tú debes decidir la

conclusión de la vida que deseas. Tú debes decidir correr tu propia carrera. Tú debes cultivar la clase de Cosecha que deseas. Tú debes buscar las relaciones que te importan y no las otras. El Apóstol Pablo tuvo un vistazo de este principio. "Por tanto, amados míos, como siempre habéis obedecido, no como en mi presencia solamente, sino mucho más ahora en mi ausencia, ocupaos en vuestra salvación con temor y temblor", (Filipenses 2:12).

Esa es la razón por la que tus quejas deben terminar. Tú eres responsable de tus situaciones. "Haced todo sin murmuraciones y contiendas", animó Pablo (Filipenses 2:14).

Jesús nuestro ejemplo y modelo, declaró, "Yo te he glorificado en la tierra; he acabado la obra que me diste que hiciese", (Juan 17:4). Él se hizo responsable de Su propia Asignación.

Quizá estés profundamente perturbado e incómodo con tu vida ahora mismo.

Aquí Hay 4 Llaves Que Te Pueden Llevar De Tu Incomodidad A La Propia Estación De Tu Asignación

1. Házte Sondeos Sinceros Y Preguntas Directas. ¿Has agotado los beneficios de tu estación presente? ¿Has extraído de tu jefe o mentores todo lo que ellos han querido derramar en tí? ¿Tu horario presente revela que has honrado tus prioridades *delante de Dios?* ¿Has sobresalido y has dado lo mejor de tí a las personas con quienes estás trabajando *en este momento?*

Te das cuenta, si no has vaciado y desarrollado al máximo tu vida en el *presente,* estás *descalificado* para entrar a tu futuro. *Tu futuro es una recompensa,* no una garantía. Esa es la razón por la que el Apóstol Pablo hizo esta declaración después de discutir la calidad de su pelea y la terminación de su carrera. "Por lo demás, me está guardada la corona de justicia, la cual me dará el Señor, juez justo, en aquel día; y no sólo a mí, sino también a todos los que aman su venida", (2 Timoteo 4:8).

2. **¿Has Pasado Tiempo Suficiente En Su Presencia Para Escuchar La Voz De El Espíritu Santo?** Sabes, Él es tu Mentor y Consejero. Si Él no está hablando a tu vida diariamente y observando tus actos contínuos de desobediencia, nada en tu vida puede ser preciso. Como consecuencia, los avalúos de tu vida pueden estar distorsionados y ser imprecisos.

3. **¿Estás Viviendo En Rebelión Con Alguna Ley Conocida De Dios?** Me he dado cuenta que es imposible experimentar la paz total cuando un momento de mi vida diaria está viviendo en oposición a Sus leyes. "Y cualquiera cosa que pidiéremos la recibiremos de él, porque guardamos sus mandamientos, y hacemos las cosas que son agradables delante de él", (1 Juan 3:22).

4. **¿El Futuro Que Yo Estoy Deseando Es Digno De Mi Semilla De Paciencia Y De La Inversión De Mi Preparación?** Moisés quería ser libertador de Israel. Pero él tuvo que perdurar estaciones de preparación. Jesús tuvo treinta años de preparación antes de Su ministerio público. Muchas veces en mi propia vida, yo he deseado profundamente un futuro diferente, pero yo no estaba dispuesto a pagar el precio de la preparación para ello.

Tu Asignación es algo que tú haces, no algo que tú observas. Lee los escritos del Apóstol Pablo. "...Yo Prosigo...yo hago...yo suplico...te ruego a ti", (Filipenses 3:12-14; 4:2-3).

Tu Asignación es Acción. Logro. Actividad. Movimiento. Productividad. Logro. Energía.

Gracias por darme acceso a tu vida. No es un accidente que estén ardiendo estas Llaves De Sabiduría que ahora han pasado de mi corazón a tu corazón.

Dios nos ha conectado, mi precioso amigo.

Ahora, Ve Y Ten Éxito Con Tu Asignación...Más Allá De Cualquier Cosa Que Hayas Soñado Antes.

Recuerda: *Tú Eres El Único Que Dios Ha Ungido Para Tu Asignación Específica.*

DECISIÓN

¿Aceptarás A Jesús Como Salvador De Tu Vida Hoy?

La Biblia dice, "Que si confesares con tu boca que Jesús es el Señor, y creyeres en tu corazón que Dios le levantó de los muertos, serás salvo", (Romanos 10:9).

Para recibir a Jesucristo como Señor y Salvador de tu vida, ¡por favor haz esta oración con tu corazón ahora mismo!

"Querido Jesús, yo creo que Tú moriste por mí y que resucitaste al tercer día. Confieso que soy un pecador. Yo necesito Tu amor y Tu perdón. Entra a mi corazón. Perdona mis pecados. Yo recibo Tu vida Yo recibo vida eterna. Confirma Tu amor al dándome paz, gozo y amor sobrenatural por otros los demás. Amén".

Corta y Envía

☐ ¡Sí, Mike! Hoy tomé la decisión de aceptar a Cristo como mi Salvador personal. Por favor envíame gratis tu libro de obsequio: *31 Llaves Para Un Nuevo Inicio* para ayudarme con mi nueva vida en Cristo.

NOMBRE   CUMPLEAÑOS

DIRECCIÓN

CIUDAD   ESTADO   CÓDIGO POSTAL

TELÉFONO   CORREO ELECTRÓNICO

Envíalo por correo a:
The Wisdom Center
4051 Denton Hwy. · Ft. Worth, TX 76117
Teléfono: 1-817-759-0300
Sitio Web: www.WisdomOnline.com

DR. MIKE MURDOCK

1 Ha abrazado la Asignación de perseguir...poseer...y publicar la Sabiduría de Dios para ayudar a la gente a alcanzar sus sueños y metas.

2 Se inició en evangelismo de tiempo completo a la edad de 19 años y lo ha hecho continuamente desde 1966.

3 Ha viajado y hablado a más de 16,000 audiencias en 40 países, incluyendo el Este y Oeste de África, el Oriente y Europa.

4 Connotado autor de más de 200 libros, incluyendo los best sellers: *Sabiduría Para Triunfar, Semillas De Sueños* y *El Principio Del Doble Diamante.*

5 Es el creador de la popular "Biblia Temática" en las series para Hombres de Negocios, Madres, Padres, Adolescentes, además de "La Biblia de Bolsillo de Un Minuto" y de las series "La Vida Fuera de Lo Común".

6 El Creador de los 7 Sistemas Maestros de Mentoría.

7 Ha compuesto más de 5,700 canciones, entre ellas: "I Am Blessed" "You Can Make It" "Holy Spirit This Is Your House" y "Jesus, Just The Mention of Your Name" mismas que han sido grabadas por diversos artistas de música cristiana 'gospel'.

8 Es el fundador de: The Wisdom Center, (El Centro de Sabiduría) en Ft. Worth, Tx.

9 Tiene un programa semanal de televisión titulado "Llaves de Sabiduría con Mike Murdock".

0 Se ha presentado frecuentemente en programas de las televisoras cristianas TBN, CBN, BET y DAYSTAR.

1 Ha tenido más de 3,000 personas que han aceptado el llamado al ministerio de tiempo completo, bajo su ministerio.

EL MINISTERIO

1 **Libros De Sabiduría & Literatura:** Más de 200 Libros de Sabiduría, éxitos de librería, y 70 series de enseñanza en audio casete.

2 **Campañas En Las Iglesias:** Multitud de personas son ministradas en las campañas y seminarios en los Estados Unidos, en la "Conferencia de Sabiduría Fuera De Lo Común". Conocido como un hombre que ama a los pastores, se ha enfocado a participar en campañas en iglesias durante 41 años.

3 **Ministerio De Música:** Millones de personas han sido bendecidas con la unción en las composiciones y el canto de Mike Murdock, quien ha producido más de 15 álbumes musicales. Disponibles también en CD.

4 **Televisión:** "Llaves de Sabiduría Con Mike Murdock", es el programa semanal de televisión que se transmite a nivel nacional, presentando a Mike Murdock en sus facetas de maestro y adorador.

5 **The Wisdom Center:** (El Centro De Sabiduría) Las oficinas del ministerio, son el lugar donde el Dr. Murdock presenta una vez al año la Escuela de Sabiduría, para quienes desean experimentar "La Vida Fuera de lo Común".

6 **Escuelas Del Espíritu Santo:** Mike Murdock es el anfitrión de Escuelas Del Espíritu Santo en cuantiosas iglesias, para dar mentoría a los creyentes acerca de la Persona y Compañerismo Del Espíritu Santo.

7 **Escuelas De Sabiduría:** En las 24 ciudades principales de los Estados Unidos, Mike Murdock presenta Escuelas de Sabiduría para quienes desean una capacitación avanzada para lograr "La Vida Fuera de lo Común".

8 **Ministerio De Misiones:** Las misiones de alcance en ultramar a 40 países, que realiza el Dr. Mike Murdock, incluyen campañas en el Este y Oeste de África, Sudamérica y Europa.

163

Algo Increíble Está Muy Cerca De Ti.

LA SERIE DE LAS LEYES DE LA VIDA

Descubriendo los Dones, Oportunidades y Relaciones Que Dios Ya Ha Depositado En Tu Vida

La Ley del Reconocimiento

MIKE MURDOCK

▸ 47 Llaves Para Reconocer El Cónyuge Que Dios Ha Aprobado Para Ti.

▸ 14 Hechos Que Debes Saber Acerca De Tus Dones Y Talentos.

▸ 17 Hechos Importantes Que Debes Recordar Acerca De Tus Debilidades.

▸ 10 Llaves De Sabiduría Que Cambiaron Mi Vida.

▸ 24 Hechos Poderosos Acerca Del Sueño Fuera De Lo Común Dentro De Ti.

▸ 6 Hechos Que Debes Saber Sobre La Administración De Tu Tiempo.

▸ 46 Hechos Importantes Que Debes Saber Sobre Resolución De Problemas.

Cualquier Cosa Que No Es Reconocida No Llega A Ser Celebrada. Cualquier Cosa Que No Es Celebrada No Llega A Ser Recompensada. Cualquier Cosa Que No Es Recompensada Finalmente Se Va De Tu Vida. La Ley Del Reconocimiento puede cambiar cada una vida de fracaso en un éxito instantáneo. Dios ha provisto almacenes de tesoros alrededor de nosotros y solamente necesitamos reconocerlos. En esta enseñanza aprenderás a reconocer los dones más importantes en tu vida.

The Wisdom Center

Libro SB-114 / $10 USD

Sabiduría Ante Todo

Más 10% Por Gastos De Envío

THE WISDOM CENTER
4051 Denton Highway • Fort Worth, TX 76117 • USA

USA
1-817-759-0300

¡Te Enamorarás de Nuestro Website...!
WWW.WISDOMONLINE.COM

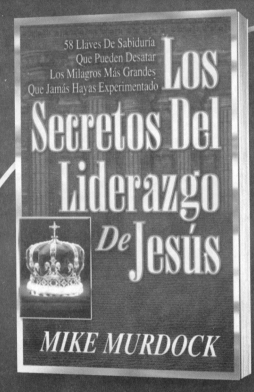

El Hombre de los $500 Mil Millones de Dólares.

Los Temas Incluyen:

▸ 10 Hechos Importantes Que Debes Reconocer Sobre Tus Limitaciones Personales.

▸ 10 Cualidades De Los Hombres De Logros Fuera De Lo Común.

▸ 7 Llaves Para Ayudarte A Que Te Lleves Bien Con Los Demás.

▸ 7 Pasos Inmediatos Que Puedes Tomar Para Organizar Tus Sueños.

▸ 9 Llaves De Negociación Que Ayudarán A Cualquiera A Lograr Lo Que Desee.

▸ 7 Hechos Sobre La Excelencia Que Podrían Cambiar Tu Vida Para Siempre.

▸ La Habilidad Más Importante Que Un Gerente Pueda Poseer.

▸ *¡Y Mucho Más!*

prender los secretos de los
randes líderes debería ser un
studio de por vida.

The Wisdom Center

LIBRO SB-99 / **$10** USD

Sabiduría Ante Todo

Mas 10% Por Gastos De Envio

El Dr. Murdock ha invertido cientos de horas estudiando los principios de vida de los individ-s más exitosos del mundo partiendo del pasado hacia el presente. Esta enseñanza acerca de la a del rey Salomón, te dará un mayor nivel de entendimiento sobre los secretos del éxito y la ueza que son fuera de lo común. Lo mejor de la voluntad de Dios será tuya conforme aprendas y ngas en práctica estas llaves de *¡Los Secretos Del Hombre Más Rico Que Ha Existido!*

THE WISDOM CENTER 4051 Denton Highway • Fort Worth, TX 76117 • USA

USA 1-817-759-0300

¡Te Enamorarás de Nuestro Website…!
WWW.WISDOMONLINE.COM